우리는 차별에 찬성합니다

지금+여기 ③

우리는 차별에 찬성합니다
-괴물이 된 이십대의 자화상

2013년 12월 5일 초판 1쇄
2023년 9월 25일 초판 13쇄

지은이 | 오찬호
펴낸이 | 장의덕
펴낸곳 | 도서출판 개마고원
등   록 | 1989년 9월 4일 제2-877호
주   소 | 강원도 원주시 로아노크로 15, 105-604호
전   화 | 033-747-1012
팩   스 | 0303-3445-1044
이메일 | webmaster@kaema.co.kr

ISBN 978-89-5769-223-3 (03300)
ⓒ 오찬호, 2013. Printed in Goyang, Korea

우리는
차별에
찬성합니다

오찬호 지음

개마고원

지금 이십대가
위험하다

요즘 이십대들 사이에 유행하는 '자각몽(自覺夢, 루시드 드림)'을 혹여 아시는지? 이건 꿈속 상황임을 자각하며 꾸는 꿈으로, 이 "자각몽 상태에서는 꿈의 상황이나 환경을 마음대로 조절해 자신의 욕구를 실현할 수 있다. 때문에 암울한 현실에 좌절한 젊은이들이 자각몽을 현실도피 수단으로 이용"하고 있단다.[1]

인터넷의 관련 커뮤니티 게시판에는 이런저런 자각몽 꾸는 법이 넘쳐나고, 조회수가 10만을 넘는 자각몽 관련 스마트폰 앱도 나와 있을 정도다. 자각몽이 원래는 외상후스트레스장애 같은 질병의 정신치료법임을 상기해볼 때, 오늘의 이십대들을 압박하는 미래에 대한 불안과 우울이 어느 지경에까지 이르렀는지 극명하게 보여주는 사례가 아닐 수 없다.

'88만원세대' '3포세대' '프리터족' '캥거루족' '잉여세대' '취업난민세대'…… 끝없이 이어지는 이 처절한 이름들, 그것으로 대변

되는 이십대들의 안타까운 현실에 대해서는 물론 이런저런 진단과 분석이 이미 많이 나와 있다. 이십대가 뭉쳐서 정치적 행동에 나서야 달라질 문제라는 진단에서부터, 청춘이란 본디 아픈 법이며 흔들리지 않고 피는 꽃은 없다느니 하는 위로, 나아가 국내외적으로 장기화되고 있는 경제 불황만 해소되면 이 모든 문제가 사라질 거라는 기대, 심지어 '잉여'라고 자조하지 말고 스스로 이를 적극 긍정해보자는 이야기까지 말이다.

하지만 이 대학 저 대학 떠돌이 강사 노릇을 해오고 있는 덕(?)에 비교적 이십대 대학생들을 아주 가까이서 지켜본 터수로 말하건대, 그건 모두 반쪽만 본 것일 뿐이다. 내가 이들에게서 발견한 또다른 반쪽은 암울하기 그지없는 승자독식 사회에서 더 암울하게 변해버린 이십대, 다소 과격하게 말하자면 괴물이 된 세상에서 살아남기 위해 괴물이 되어버린 이십대이다. 부당한 사회구조의 '피해자'지만, 동시에 '가해자'로서 그런 사회구조를 유지하는 데 일조하는 존재란 얘기다.

본문에서 자세히 다루겠지만, 지금 이십대들이 보여주는 삶의 지향이나 행태는 획일화된 외곬으로만 치달은 나머지 살벌한 경쟁 자체가 '모범적인 삶'으로 바뀌어 있다. 사회가 어쩔 수 없으니 그렇게 살아가는 존재가 아니라, 그렇게 사는 것을 바람직한 사회생활로 이해한다. 그뿐만이 아니다. 예컨대 평생을 학습능력 하나로 '단죄'받고 사는 시스템 따위가 어제오늘의 일은 아니지만 이를 문제시하기보다는 오히려 학력차별(학력위계주의)을 확대재생산하는 데 더 열심이고, 자기계발서를 인생 최고의 경전인 듯 떠받들며 안으로는 극단적 자기관리의 고통에 피가 마르면서도 밖으로는 사소한 경쟁우위를 위해 어떤 차별도 서슴지 않는 걸 '공정'하다고까지 여긴다. 도대체 무엇이 사태를 이 지경으로 만들어놓은 걸까?

솔직히 나는 사회학을 강의하는 사람으로서 그 까닭이 궁금했다. 힐링에 속고 스펙에 울고 불안에 떠는 이십대들의 삶이 힘든 건 알겠지만, 한편 너무도 안타깝고 답답하고 때론 화도 났기 때문이다. 문제 해결의 가냘픈 실마리라도 찾으려면 이십대들이 왜 저렇게까지 강퍅할 수밖에 없는 건지, 세상의 무엇이 이들을 그리 할 수밖에 없도록 내몰았는지를 알아야 했다. 하여 그 실체의 양면을 아울러 직시하는 일이야말로 제자이자 동생이자 후배인 이들의 삶에 가장 가까이 서 있는 선생이자 형이자 선배로서 건넬 수 있는 진정한 위로요 의무라고 생각했던 것이다. 바로 이 책이 이십대 대학생들과 더불어 그 실체를 마주하려 애쓴 연구의 결과물이다.

이 책은 지난 2008년 봄부터 착수하여 2012년 여름에 끝마친 나의 박사논문을 바탕으로, 보다 많은 이들이 공감할 수 있게 그 핵심 내용을 대중적 눈높이에서 재구성하고, 미처 논문에서 다하지 못한 이야기들을 더 보탠 것이다. 물론 이 책을 위해 2013년 2학기까지도 관찰과 토론을 멈추지 않았다. 그동안 족히 2000여 장이 넘는 학생들의 에세이 과제물을 읽었고, 그중 100여 편을 간추려서 집중 분석도 했다. 또한 50여 명과의 심층 인터뷰를 통해, 일상의 미묘한 지점에서 나타나는 이들의 속마음까지 들여다보고자 애썼다. 그런 뒤 나온 결과를 가지고 다시 그들과 토의하면서 내가 발견한 '이십대 대학생들의 특징'이 과연 적절한 것인지를 고민하는 절차도 거쳤다. 이 책에서 언급되는 사례들은 대다수 내 강의에서 토론하고 논쟁하는 가운데 특히 학생들의 공감을 많이 받았던 사안들이다.

그런 의미에서 이 책은 나의 연구가 아니라 '이십대들 스스로의 고백'이라 할 수 있다. 나는 이 과정에서 사회학적 의미를 최대한 살리기 위해 전형성 있는 실제 사례들을 많이 동원할 수밖에 없었는데, 등장인물들은 모두 가명 처리해야 했다. 별 걸 다 트집 잡는 세태의 잔혹함을 감안컨대 이들에게 최소한의 보호막은 필요하리라 여겨졌다. 하지만 일부 학교명의 경우는 논의의 맥락을 잘 드러내기 위해 어쩔 수 없이 그대로 노출했다. 이를테면 학력위계주의의 미세한 틈새까지 독자에게 제대로 전달하려면 두루뭉술하게 이른바 '상위권 대학' 하는 식으로는 설명이 어려웠기 때문이다. 물론 호명된 사례에서 이러저러하다고 언급되는 이미지가 그 학교의 위상과 성격 그 자체로 간주되지 않길 바란다. 더불어 거명된 학교들은 단지 저자의 활동반경이 그러해서 선택되었을 뿐이란 점에서 다른 오해가 없었으면 좋겠다. 해당 대학 동문 및 재학생들에게 약간의 불쾌함을 주는 경우가 일부 있을는지도 모르지만, 그건 건강한 사회비

판을 위해 용납할 수 있는 범위라고 너그러이 양해해주었으면 한다.

 아프리카에 사는 '스프링복'이라는 산양들은 가끔씩 집단 전체가 맹렬히 달리다가 절벽에서 함께 떨어져 죽는다. 이 양들은 수천 마리가 함께 살다보니, 앞쪽의 무리가 먼저 지나가며 풀을 먹어버리면 뒤쪽의 무리들이 먹을 것이 없게 된다. 그래서 뒤의 양들은 자꾸만 앞으로 밀고, 앞에 있는 양들은 점점 밀리다가 기어코 달리기 시작한다. 그러면 뒤의 양들은 비워진 공간에서 천천히 풀을 뜯어먹으면 되는데도 집단으로부터 떨어지기 두려워 악착같이 따라 뛴다. 결국 앞의 양은 뒤의 양이 미니까 뛰고, 뒤의 양은 앞의 양이 뛰니까 따라 뛰는 것이다. 그렇게 왜 뛰는지, 어디로 뛰는지 모르고 그저 서로 달리다가 절벽을 만나면 함께 죽는 것이다. 지금 한국 사회 이십대의 모습도 이 산양과 비슷하지 않을까?

 하지만 우리는 스프링복이 아니다. 멈춰야 할 이유를 안다면 멈추지 않을 이유가 없다. 우리가 그 '레일'을 굳이 그렇게 폭주 기관차처럼 달려야만 하는가. 우리는 서로를 밀어내야만 할 이유도 없고, 악착같이 따라붙어야만 할 이유도 없다. 우리가 스프링복이 아닌 이상 무턱대고 내달리기만 할 게 아니라 달리는 이유도 따져볼 수 있어야 한다. 아무리 달리더라도 '양대가리' 소리는 듣지 말아야 할 것 아닌가.

 이유를 따져보는 방법이야 여러 가지가 있겠지만, 나는 결과된 우리의 모습에서 거슬러가며 원인을 찾고 처방을 찾는 길도 분명 도움이 되리라고 생각한다. 이 책이 바로 거기에 소용되는 거울로서 우리 이십대들의 모습을 온전히 비춰보는 기회가 되었으면 좋겠다. '얼짱 각도'에서 늘 차별받는 한쪽 얼굴을 빼고 나머지만으로 진정한 내 얼굴이 될 수는 없을 테니 말이다.

2013년 11월

오찬호

4장 자기계발 권하는 사회를 치유하자!

1장

강의실에서 바보가 된
어느 시간강사 이야기

비정규직 노동자의 정규직 전환 요구는 '정정당당하지

못한 도둑놈 심보'가 되는 것이다. 즉, '나는 이만큼 시

간을 투자했는데 넌 아니잖느냐'는 반응인 셈이다. 현

재의 경제적 상황을 자기계발로 극복하고자 하는(혹은

극복해야 된다는) 사회적 분위기는 이십대로 하여금 이

렇게 비정규직의 정규직 전환 요구 문제에서 특정한 입

장을 갖게 만든다. 그 결과, 자신들이 종사하게 될 그

'노동시장'의 환경은 더 나빠질 뿐이다. 이렇게 스스로

무덤을 파는 이 역설적 상황이 내 '의문'의 출발지점이

었다.

"날로 정규직 되려고
하면 안 되잖아요!"

지난 6년간 학기마다 꼬박꼬박 4~5개 대학을 돌아다니면서 600~700여 명의 이십대 대학생들을 만나는 게 일과였던 나에게, 어느 날 아주 오랫동안 기억될 사건이 발생했다. 2008년 5월 13일, 이날은 이후 4년간을 내가 대학생들을 주제로 한 연구에 매진하는 계기가 된 날이었다.

경기도 소재의 한 대학에서 '인권과 평화'라는 과목을 강의하던 나는 매주 사회적으로 이슈가 된 주제를 하나 골라서 이를 보편적 인권의 차원에서 설명해나가고 있었다. 그날의 주제 역시, 당시 장기 파업으로 사회적 주목을 끌고 있던 'KTX 여승무원들의 철도공사 정규직 전환 요구' 문제였는데 여느 날과 특별히 다른 사안은 아니었다.

그 사안의 내용을 잠깐 보자면, 2004년도 최초 채용 당시 정규직 전환을 보장받고 들어왔다는 여승무원측과, 그런 적이 없고 노동자들은 분명히 계약직임을 알고 들어왔다는 사측, 이 두 입장이 충돌하고 있는 문제였다. 사측이 위탁업체인 철도유통(구 홍익회)의 정규직으로 전환해주겠다고도 했으나, 애초의 약속과 다르다며 승무원들은 이를 거절했다. 그러다 2006년 3월부터 350여 명의 여승무원들이 '철도공사의 정규직 직접채용' 등을 요구하며 파업을 시작했

1장 강의실에서 바보가 된 어느 시간강사 이야기

는데, 이에 사측이 강경한 입장으로 일관하면서 상당한 사회적 파장을 일으키고 있는 상황이었다.

솔직히 말하면, 나는 이 이슈를 놓고 학생들과 서로 이견을 주고받는 '토론'의 모양새로 접근할 생각이 애초에 없었다. 토론이 뭔가. 여러 다른 생각들이 함께 오가는 가운데, 궁극적으로는 전체 지적 고민의 총량이 늘어나는 데 그 목적이 있는 일 아닌가. 동시에 이 강의는 '인권', 그러니까 말 그대로 사람의 권리가 정확히 어디까지인지를 잘 모르는 학생들에게 인권 침해가 무엇인지를 얘기해주는 게 목표였다. 더구나 이 KTX 문제는 찬반의견을 공정히 들을 그런 성질의 것도 아니었다. 당시의 모든 정황상 '이건 사측이 무조건 잘못한 거다' 정도로 사태를 이해하는 게 그다지 어려운 일이 아니었기 때문이다.(이 사건은 '근로자 지위'에 대한 법적 공방으로 이어졌고 총 4차례 중 3번을 승무원측이 승소했다. 물론, 법적 판결이 모든 판단의 절대적 기준이 된다는 얘기는 결코 아니지만, 사측 잘못이라는 판단이 큰 무리는 아닌 것이다.) 그러니 이 문제는 처음부터 '누가 옳은가?'가 아니라 '뭘 잘못했는가?'를 확인해가는 정도의 논제였다. 아니, 정확히 말하자면 최소한 그때까지 나는 그렇게 생각하고 있었다. 따라서 이십대 대학생들이 비정규직 노동자들의 열악한 상황에 관심을 가지는 것, 그리고 그들의 '정규직 전환' 주장에 적극적인 관심을 보이는 것이야말로 지극히 타당한 사회적 연대임을 강조하는 것이 '인권과 평화'라는 강의명에도 어울리는 수업이라고 생각했다.

하지만 한 학생의 대답은 나의 이런 예상을 완전히 빗나가게 만들었다. 경영학과 4학년 학생 K(당시 27세)가 조금의 망설임도 없이 "날로 정규직 되려고 하면 안 되잖아요!"라고 답했던 것이다. 그 순간, 나는 사실 K를 걱정했었다. 왜냐고? 피 끓는 시절의 대학생이라면, 지금껏 수많은 이십대들이 그러했던 것처럼 다소 진보적인 게 자연스럽지 않겠는가. 긴 인생의 여정에 있어서 최소한 한 번쯤은 '진보 코스프레'라도 하려는 시기 아니던가 말이다. 게다가 이 수업은 뭐든 '효율성'의 관점이 우선되는 경영학과 수업이 아닌, 사회적 문제의 해결책을 고민하는 사회학 전공자의 '인권과 평화' 강의였다. 그렇다면 이 강의 수강생들의 성향도 약간은 편향적이기 마련인데, 저런 발언을 하다니! 나는 K가 '강의실 수구꼴통 청년'으로 마녀사냥 당하지 않도록, 상황을 반전시킬 묘수를 잠시 고민하기까지 했다.

그러나 걱정도 팔자. 그 순간, 강의실에서 그런 생각을 가진 사람은 나뿐이었다. 대형 강의를 많이 하다보면 자연스레 느낄 수 있는 '특정 분위기'라는 게 있다. 이때도 마찬가지였다. 마치 대다수 학생들의 생각을 K가 대변하고 있다는 느낌이 강의실을 아주 차분하지만 강렬히 뒤덮고 있었던 것이다. K를 바라보는 다른 학생들의 눈빛에는 '그래! 너 말 한번 제대로 잘했다!'라는 동의가 넘쳐났다. 조용하던 강의실이 이내 "너도 저렇게 생각하지?"라는 수군거림으로 채워지기 시작했다. 이 소음이 자신에게 유리한 분위기라는 걸

1장 강의실에서 바보가 된 어느 시간강사 이야기

눈치 챈 K는 더 공격적으로 말을 이어갔다.

"처우 개선과 정규직 전환의 문제는 전혀 별개의 것이라고 생각합니다. 지금 대학생들이 왜 이렇게 고생을 합니까? 정규직이 되기 위한 것 아니겠습니까? 그런데 입사할 때는 비정규직으로 채용되었으면서 갑자기 정규직 하겠다고 떼쓰는 것은 정당하지 못한 행위인 것 같습니다."

K의 태도는 한 치의 흔들림이 없었다. 목소리의 톤도 비장하고 단호했다. 그리고 그의 이런 확신에 찬 모습에는 이유가 있었다. 대세는 이미 그에게 기울어 있었던 것이다. K의 의견에 동의하면 손을 들어보라 했는데 수강생 3분의 2 이상이 적극 지지를 표했으니 말이다. 이제는 나를 걱정해야 하는 상황이었다. 분위기가 이러함에도 원래 의도했던 주장을 계속 했다가는 십중팔구 '억지부리는 강사'로 낙인찍힐 판이었다. 결국, 이날 강의는 애초 의도와는 다르게 '비정규직 노동자들의 정규직 전환 요구, 과도한 것 아닌가?'라는 주제로, 마치 전경련에서 주최하는 행사 느낌의 찬반토론이 학생들과 나 사이에 벌어졌다.

평소 시사문제에 제법 진보적인 성향을 보여주었던 학생들조차 이 이슈, 정확히는 '비정규직 노동자가 정규직으로 전환해줄 것을 요구'하는 데는 반대 입장을 분명히 했다. 대표적인 사회적 약자로 볼 수 있는 비정규직 노동자가 다른 요구도 아닌 정규직이길 희망하는 것이, 이들 보편적인 이십대 대학생들에게는 인권의 범주에서 논의될 성질의 사안이 아닌 셈이었다. 나는 오히려 "그런 당위가 더 비윤리적이다" "민주주의가 만능열쇠냐!"라는 반론에 부닥쳐야 했다. 고립무원(孤立無援)이라는 표현이 딱 들어맞는, 예기치 않던 상황에 진땀을 뺐던 기억이 5년이 지난 지금도 생생하다.

게다가 이런 반응이 단순히 그 강의실에서의 예외적인 현상이 아니라는 건 쉽게 확인할 수 있는 일이다. 사이버 공간에 널려 있는, 이 문제에 대해 입장을 피력한 이십대들의 글을 보면 말이다. 아래의 글은 그날 강의실에서 K를 지지한 학생들의 의견과 맥락이 흡사한데, 그들이 '왜' 그런 주장을 하는지가 조금 더 구체적으로 드러난다.

> 여승무원들은 철도유통소속 계약직인 걸 알고 들어갔습니다. 지금 철도공사 정직원으로 전환해달라는 것이 가장 주를 이루는 요구사항인데요. 한마디로 말도 안 되는 소리입니다. (…) 공사 들어가기 엄청 어렵습니다. (…) 남들 몇 년씩 어렵게 준비해서 토익 900점 넘기고 어렵게 공사 들어가는데 (…) 정직원을 넘보는 건 도둑놈 심보라고 볼 수 있죠? 노력한 만큼 돌아오게 되어 있습니다. 여승무원 여러분들은 철도공사 정직원이 되고 싶으시면 시험을 치고 정정당당하게 들어가십시오.[2]

이 글과 앞선 K의 주장, 그리고 당시의 강의실 분위기를 정리하

　　　　　　　　　　　　　　　　　1장 강의실에서 바보가 된 어느 시간강사 이야기

사면, 여승무원들의 현재 위상은 애초 계약직(여기서 '알고 입사했다'는 점이 무척이나 강조된다!)을 목표로 노력하여 얻어낸 '공정한' 결과인데, 그 이후 뜬금없이 정규직 전환을 요구한다는 건 '정정당당하지 못한' 일이고(정확하게 말하면 정규직 '대우'에 관한 것, 즉 '급여'를 말한다!), 특히나 지금처럼 공사에 들어가기 위한 경쟁이 상상을 초월할 정도로 어려운 시점에서 이런 요구는 "도둑놈 심보"라는 것이다. 즉, 공정한 경쟁을 통해서 주어진 결과가 싫으면 그만두든지 더 노력해서 더 나은 결과를 얻어내든지 할 것이지, 지금처럼 취업하기 힘든 세상에 그런 도둑놈 심보 가진 사람들 때문에 우리의 밥그릇이 줄어들어 더 힘들어지는 건 불공정하거니와 싫다! 뭐 이런 얘기인 셈이다.

노동자들이 그저 '인간답게 살기 위해' 혹은 '동일노동 동일임금 규정'의 위반에 맞서 정규직 전환을 요구하며 벌이는 파업에 "도둑놈 심보"와 같은 단어가 붙는 게 과연 타당한가 하는 논쟁은 차치하자. 하지만 이런 단어들의 조합이 다른 누구도 아닌 이십대 대학생들의 입에서 나온다는 건 최소한 과거에 비해 이색적인 현상임에 틀림없다. 물론, 내게는 '이색'이지만 지금의 평범한 대학생들에게는 '일반'인 것이다. 나는 그 후로도 계속 비슷한 반응을 이십대 대학생들에게서 확인할 수 있었다. 이날 경험한 대학생들의 일련의 반응은 단지 그날만의 에피소드가 아니라 지금까지도 어렵지 않게 확인되는 분명한 '공통 특징'이었다.

그날의 강의실 사건 이후, 나는 이십대 대학생들의 이런 반응에 대해 관심을 갖게 되었다. 사실 요즘 대학생들이 비정규직 노동자에 대해 어떤 입장이더라 하는 건 누구나 학교 현장에만 있으면 관찰을 통해 쉽게 입에 올릴 수 있는 말이다. 하지만 왜, 무슨 이유로 그렇게 말하는지를 확인해내는 건 간단한 일이 아니다. 그래서 나는 이십대들이 일련의 근거를 가지고 스스로를 합리화해가는 과정에 주목했다. 근거가 있으니 더 확신에 차 있는 것이고, 그러니 거침도 없었다.

이들에겐 나름의 분명한 논리가 있었고, 그런 만큼 확신도 강했다. 핵심은 '정규직이 되기 위해서 내가 고생하는데, 그런 고생도 거치지 않고 비정규직 노동자가 정규직으로 전환해달라는 건 당연히 있을 수 없다'는 것인데, 도대체 이 생각, 그리고 이에 대한 확신은 어디에서 비롯되었고 어떻게 만들어진 것일까? 이런 물음들이 내 발걸음을 차츰 이십대에 대한 연구 쪽으로 내딛게 한 것이다.

동병상련은 없다!

대학생들이 비정규직들의 주장에 공감할 거라고 여겼던 이유는, 현재 이십대가 처한 상황이나

1장 강의실에서 바보가 된 어느 시간강사 이야기

KTX 여승무원들의 처지나 피차 마찬가지라고 봤기 때문이다. 그러니 비정규직 노동자가 좀 더 안정적인 삶을 위해 요구하는 '정규직 전환'을 동병상련(同病相憐)의 입장에서 지지함으로써 이십대 본인들의 미래도 좀 더 안정적으로 만들어놓는 게 당연한 노릇이다. 하지만 이십대 대학생들의 반응이 그러하지 않으니, 나는 놀랐던 것이다. 물론 이런 생각부터가 바로 그 강의실의 학생들과 내가 엇갈린 대목이긴 하지만, 그렇다고 이게 내가 이십대들의 현재 삶을 잘 몰라서일까? 아니다. 오히려 오늘날 이십대들의 고통에 대한 뼈저린 공감이 없었다면 나의 이런 작업은 출발 자체가 불가능했을 것이다.

그런 공감을 위해 무슨 특별한 정보가 필요한 것도 아니다. 하물며 이들의 형뻘이고, 대학이란 공간에서 같이 있으면서 늘 지켜보는 나 같은 사람에겐 실감이 더할 수밖에 없다. 등록금은 엄청난 액수로 뛰어올랐고, 주거공간이나 기초적인 생활비 마련도 엄청 버거워졌다. 하숙에서 자취로, 원룸에서 고시원 방으로, 4000~5000원 하는 밥값도 부담돼 포장마차에서 2000~3000원짜리 '컵밥'으로. 이조차 여의치 않아 점심식사를 그냥 건너뛰는 이십대의 점심 결식률은 12.3%로 모든 세대 가운데 가장 높고(2012년 기준), 이는 전체(6.4%)의 2배에 달한다.[3]

취업 문턱에서의 좌절은 더 비참하다. 전공 적성 따지고 학력 수준 따져가며 취업한다는 건 사치다. 그렇게 '묻지마 지원'을 했어도, 42.9%(2011년 2월 대졸자의 경우)가 경제활동에 참여조차 못하고 있다. 이 대졸자 비경제활동률이 2003년만 해도 26.7%였다는 점에 비춰보면 얼마나 상황이 심각한지 알 수 있을 것이다.[4]

이러니 그 절박한 처지를 노린 사기꾼들도 기승을 부린다. 회사에서 일하려면 투자를 해야 한다는 식으로 고리대 대출을 알선해 이용해먹거나, 취업을 위해 개인정보를 쉽게 노출시킬 수밖에 없다는 점을 악용해 '대포폰' 개설에 끌어들이는 식으로 말이다. 대학생들을 수십 명씩 지하 골방에 가두어놓고 상품 판매 교육을 시켰던 '거마(거여동과 마천동 지역을 근거지로 해서 이렇게 불린다) 대학생' 사건이 사회문제가 되었어도, 불법 다단계판매 업체에 발목 잡힌 대학생은 계속 늘고만 있다. 취업시장에서 약자로 존재하기에 불이익을 당할 수밖에 없는 이십대들의 처지 때문이다.

물론 일(노동)은 하고 있되 불안정한 상태에 있는, 과거와는 다른 이 시대적 현상이 특정 연령대에서만 나타나는 건 아니다. 근로빈곤층이라는 뜻의 워킹푸어(Working poor), 무산자·노동자(Proletariat)에 '불안정한'(Precarious)을 더한 합성어 프레캐리아트(Precariat)와 같은 단어들이 이십대에게만 적용되는 말은 아니란 뜻이다. 하지만 누구나 겪고 있는 이 시대적 아픔이 유독 이십대에게 끼친 영향은 사실 엄청나다. '이태백'이란 단어의 뜻을 굳이 설명할 필요는 없을 것이다. 청년실신(대학 졸업 후 실업자가 되거나 빌린 등록금을 상환하지 못해 신용불량자가 됨), 홈퍼니(Home+Company, 집에서 취업 원서 접수에 매진하고 있

1장 강의실에서 바보가 된 어느 시간강사 이야기

음), 목찌(취업이 대학생들의 목을 죈다), 십오야(15세만 되면 앞이 캄캄), 청백전(청년백수 전성시대), 삼일절(31세까지 취업 못하면 절망), 알부자족(알바로 부족한 학자금 충당하는 이들) 등의 단어들은 이제 시사상식이다. 과도한 삶의 비용으로 연애·결혼·출산을 포기했다는 '3포세대'라든지 일자리·소득·집·연애(결혼)·출산 그리고 희망 등을 가질 수 없다는 육무(六無)세대 등의 표현에서는 단순히 '이십대들이 힘들다'는 상황만이 아니라 '힘든데, 달리 어떻게 할 수도 없다'는 절망적 미래까지 엿보인다.

이십대에 대한 이러한 여러 지표들은 더 이상 과거의 방식으로 이들을 이해한다는 것이 무리임을 분명하게 말해준다. 늘 청년실업률은 전 연령층에서 최고치, 전체 고용자가 증가해도 청년층은 예외인 경우가 보통이다. 설사 취업을 했다 해도, 전체 연령 대비 청년층의 임금수준은 낮아지고 있는 현실도 감수해야 한다. 전체 임금 증가율이 마이너스라면 청년층 임금의 기울기는 더 가파르다. 대졸자들의 정규직 취업 비중은 해마다 줄고 있고, 당연히 비정규직 취업자 비율은 더 커지고 있다. 파트타임 노동자로 살아가는 비중도 매년 기록적인 상승세다. 한마디로 이십대는 '벼랑 끝'이다. 고용환경이 불안정하면 개인은 어떻게든 위축될 수밖에 없다. 이십대의 자살률이 상승하고 있는 것도 바로 이런 '위축된 상황'의 자연스런 귀결일 뿐이다.

이것이 바로 내가 이해하는, 그리고 바로 곁에서 목격하는 이십대의 삶이요, 그들이 처한 환경이다. 여기서 뭘 더 알아야 한단 말인가. 이십대가 힘든 사회구조적 이유는 비정규직 노동자가 그렇게 힘들어하는 이유와 이렇게 별반 다르지 않다. 그래서 이십대들이 그들에게 동병상련해주길 바랐던 것이다. 하지만 그런 반응은 나타나지 않았다. 사회구조적 측면에서 이십대와 비정규직 노동자들은 피차 마찬가지 처지인데, 이십대들의 일상적 현실에서는 마찬가지가 아니었던 것이다.

사실, 간단히 생각해도 논리는 분명하다. 정부의 입김이 듬뿍 들어갔을 통계자료에서조차도 계약직이 전체 노동자 대비 33%에 이른다. 600만 명에 육박하는 숫자다. 앞으로 이십대들은 어떤 식으로든 살아가겠지만 임금노동자로 살아갈 가능성이 가장 높은 건 기정사실이다. 따라서 그들 가운데 상당수가 저 '600만' 중 하나가 될 것이다. 그러니 자신들이 진출할 곳의 상황이 조금이라도 좋아지길 바라는 건 당연한 일 아니겠는가. 비정규직 노동자들이 줄어들면 그만큼 아파할 이십대들도 줄어들 텐데 말이다.

하지만 오히려 '그런 식의 이해'가 이십대 대학생들에게는 있을 수 없는 일이다. 그렇다면 비정규직 노동자들의 요구에 지지와 연대를 보내는 게 정작 이십대 자신들에게 이득임을 보지 못하게 만드는 이 구조의 정체는 도대체 무엇일까?

1장 강의실에서 바보가 된 어느 시간강사 이야기

비정규직인 건
자기계발 안 한 탓?

문제는 이십대들을 둘러싼 사회 구조적 문제가 과거보다 더 심각하고도 끔찍해진 상황임에도 이들에게 딱히 해줄 말이 없다는 데 있다. 즉, 과거와는 차원이 다른 상황에 이들이 묶여 있는데 "열심히 하면 좋은 결과 있을 거야!" "너희 때는 원래 그런 거야!"와 같은 말로 이들을 격려할 수 있겠는가 말이다. 쉽게 말해 "아프니까 청춘이다" 혹은 "천 번을 흔들려야 어른이 된다"는 식의 말은 이들의 삶이나 처한 현실을 개선하는 데 눈곱만큼도 도움이 되지 못한단 얘기다.

예컨대 100명의 이십대 중 20명만이 정규직 노동자가 된다고 하자. 여기서 이 20명은 결코 변하지 않는 숫자라 하자. 그럴 경우, 죽도록 고생하면 정규직 된다고 말해주는 게 무슨 소용이 있을까? 고생 여부와 상관없이 100명 중 80명은 정규직 노동자가 되지 못하는 이 전체 '파이'의 문제가 떡하니 버티고 있는데 말이다. 그런데도 그딴 식의 말로 이십대를 위로한다고 하자. 그럼 어떤 결과가 나타나겠는가? 정규직이 되지 못한 21번째 사람부터는 그의 현실이 '고생 안 한 결과'로 인식될 것이다. 이게 말이 되는가!

이처럼 지금의 상황은 단순히 개인이 좀 잘해서 해결될 성질의 것이 아니다. 따라서 비정규직 노동자 처우가 좋아져야 한다는 목소리, 특히 정규직 전환과 같은 노동자 삶의 기본권을 보장해달라는 요구를 지지해주는 게 이십대 자신들의 미래를 위해서도 당연히 좋은 일이다. 이러함에도 오늘날 이십대들에게는 그런 논리구조가 없다. 이들에게 그건 이유가 아니다. 정확히는 그것을 거부하는 논리구조가 있을 뿐.

오히려 이십대들은 이런 분위기에 대해 "핑계대지 말고 스스로를 계발하라!"는 말로 깔끔하게 퉁 치고 만다. 아무리 노력해도 신음할 수밖에 없는 처지의 이십대가 오히려 기성 사회가 자신들에게 요구하는 바를 그대로 경청하고 따르는 셈이다. 이를 좀 더 구체적으로 살펴보자. 아래 표는 인터넷 서점에서 '20대'를 검색했을 때에 나타난 분야별 결과이다.

〈도표 1〉 인터넷 서점에서 '20대'를 검색한 결과

서점	분야별 검색결과, 괄호 안은 도서수
교보문고	자기계발(145), 경제/경영(51), 외국어(17), 시/에세이(13), 종교(11), 인문(10), 건강(8), 취업/수업서(6), 정치/사회(6), 소설(6), 기술/공학(3), 여행/기행(3), 역사/문화(2), 만화(1), 유아(1)
YES24	자기관리(109), 비즈니스와 경제(41), 문학(13), 사회(7), 건강/취미/실용(6), 청소년(5), 인문(5), 종교(5), 어린이(2), 예술/대중문화(1)
알라딘	자기계발(128), 경제/경영(86), 에세이(23), 외국어(19), 인문학(18), 사회과학(13), 종교/역학(12), 청소년(10), 건강/취미/레저(6), 어린이(6), 좋은부모(3), 여행(3), 역사(2), 예술/대중문화(2), 만화(1)

※ 검색일 : 2012. 2. 26.

1장 강의실에서 바보가 된 어느 시간강사 이야기

〈도표 1〉을 보면, 이십대와 관련된 도서시장이 특정 분야에 국한되어 있음을 쉽게 알 수 있다.(그리고 이 검색 결과는 이후 언제나 대동소이했다.) 수치를 종합해보면, 아래 〈도표 2〉처럼 이십대 관련 전체 서적 중 69%가 자기계발 및 경제·경영 분야다. 자기계발과 경제·경영은 사실상 같은 범주다. 과거에는 경영이라는 분야의 책들이 생산성 증대를 위한 논의나 마케팅 기법 등 전문서로서의 의미가 강했지만, 지금은 기업의 경영기법을 인간의 생애과정에다 적용해서 "노동자가 스스로에게 하는 최면적인 동기 부여를 위한 미사여구의 개발에 역량을 집중"[5]하는 내용이 사실상 전부이기 때문이다.

게다가 이런 분류에 포함되지 않더라도, 결국에는 '스스로를 잘 관리하면 어떠어떠하게 살 수 있다'는 식의 논의가 무수하다. 판매순위 1~10위에 있는 이십대 관련서 중 8~9종이 바로 이렇게 살아

〈도표 2〉 '20대' 관련 도서시장의 분야별 비중(3개 서점 합계)

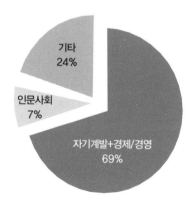

라, 저렇게 살아라, 이거 하지 마라, 저거 하지 마라는 식의 주문만 난무하는 이른바 자기계발서들이다.

이 자기계발서들은 1990년대부터 베스트셀러가 되기 시작했다는 게 중론이다. 사실 그 이전에는 '자기계발'이라는 말이 사회적으로 이처럼 친숙한 단어는 아니었다. 정확히는, 오늘날 느껴지는 '엄청난 압박'으로서의 의미가 아니었단 얘기다. 그때나 지금이나 성공에 대한 열망이야 늘 있는 것이지만, 그때는 지금과 달리 '누구에게나 주어진 삶의 레일 위에서 열심히 사는 것'이 곧 성공에 이르는 길이었다. 즉, 학교 공부를 열심히 하거나 혹은 직장에서 열심히 업무를 수행하면 완벽하지는 않지만 사회는 어떤 보상을 분명하게 돌려주었다. 그래서 그 시절에는 대졸자가 서른 살 전에 결혼해서 자녀 두 명 정도를 낳고 10년 내로 작은 평수의 자기 집을 장만하는 정도의 계획을 갖는 건 지극히 자연스런 일이었다. 고졸자라 해도, 달성 시기나 규모에서 좀 차이가 있을 뿐, 별반 다르지 않았다. 엄청나게 걱정할 무엇도 아니었고, 당연히 사치스러운 생각도 아니었다. 자기계발이란 말 한마디 듣지 않고도 사람들은 기본적인 행복을 만들어 갈 수 있었던 것이다. 물론 이는 산업사회가 달성한 고도성장 덕분이었지만 말이다.

그러다가 80년대 말부터 직업 환경이 조금씩 변해가면서 정보화능력·외국어능력 등이 요구됨에 따라 '자기계발'이라는 행동지침들이 등장했지만, 그건 어디까지 직장에서나 사용하는 용어였다.

1장 강의실에서 바보가 된 어느 시간강사 이야기

그 말과는 별개로 사람들은 일상을 열심히 살았고, 직장에서도 그 말은 그저 업무능력 향상 차원의 의미였을 뿐이다. 그런 가운데, 아무리 자기계발이 현대인에게 '필수불가결'이라 해도 이십대는 여기서 조금은 또 열외였다. 이십대는 늘 시대의 열외적 존재였고, 약간은 당돌했고, 정도의 차이는 있지만 세상의 주류 이데올로기에 저항했기에 나름의 사회적 의미를 부여받을 수도 있었다. 하지만 오늘날은 아니다. 이십대에게도 자기계발은 '필수'가 되었다. 이십대

〈도표 3〉 '20대' 관련 도서 판매량 순위

순위	분야	도서명
1	경제/경영	언니의 비밀통장: 월 3만 원으로 1억 만드는 20대 전용 재테크
2	자기계발	자유로운 인생을 위한 어른의 공부법
3	자기계발	20대, 나만의 무대를 세워라: 초라한 들러리에서 연봉 10억 골드미스가 된 유수연의 성공 비법
4	경제/경영	20대 경제생활 첫걸음: 바로바로 써먹는 생활 속 경제지식 101
5	자기계발	20대, 자기계발에 미쳐라: 20대를 변화시키는 30일 플랜
6	자기계발	여자의 모든 인생은 20대에 결정된다
7	자기계발	20대에는 사람을 쫓고 30대에는 일에 미쳐라
8	정치/사회	이것은 왜 청춘이 아니란 말인가: 20대와 함께 쓴 성장의 인문학
9	자기계발	심리학이 청춘에게 묻다
10	자기계발	20대 심리학: 미래의 나를 완성해주는, 20대를 위한 인생강의
11	경제/경영	20대라면 무조건 써먹는 경제상식: 취업과 창업, 경제독립 하기 전에 알아야 할 경제상식
12	경제/경영	대한민국 20대, 재테크에 미쳐라

*인터넷 교보문고, 2012년 2월 26일

관련 도서의 판매량 순위에서도 그런 점은 그대로 드러난다.

여기서 8위 『이것은 왜 청춘이 아니란 말인가』를 제외하면 이십대와 관련되어 '팔리는 책'들이 말하고자 하는 바는 분명해 보인다. 자기계발서가 잘 팔린다는 것은 단지 출판시장에서의 의미로 그치지 않는다. 이 수치와 현황은 현재의 이십대를 둘러싼 환경이 상당히 특별하다는 것을 암시한다. 즉, 이십대들 세계의 문화적 바로미터로서 이 수치는 의미가 있다. 그래서 이 분위기를 간단하게 정리하면 "핑계대지 말고 스스로를 계발하라!"[6] 정도가 될 것이다. 이는 곧 이십대가 외부로부터 받는 요구이자 이에 대한 그들 반응의 핵심이다. 그런데 이 소리는 앞서 정규직 전환을 요구하는 비정규직 노동자에게 이십대들이 했던 말과 너무나도 흡사하지 않은가.

그런데 여기서 잠깐 짚어보자. 터놓고 말해서, 이십대에게 자기계발서 읽기를 강조하는 것, 그래서 실제로 이들이 그걸 열심히 읽는다는 게 무슨 큰 문제라도 된단 말인가? 현대사회가 '자기계발의 시대'라는 걸 도대체 누가 부인한단 말인가? '시대'라는 단어가 너무 거창하다면 그냥 자기발전에 대한 관심이 팽배해 있다고 하자. 자기계발서들의 내용이 뻔하고 아니고를 떠나서, 어쨌든 많은 사람들이 자기계발서에서 어떤 식으로든 삶의 역경을 이겨낼 동기와 동력을 얻고 있지 않은가. 특히 취업난에 허덕이는 이십대는 더욱 그러할 것이고. 하지만, 그럼에도 여전히 자기계발과 이십대의 매치가 달갑지 않은 이유는 바로 이래서다.

1장 강의실에서 바보가 된 어느 시간강사 이야기

자기계발의 '결'은 다양하다. 예를 들어 경영학은 조직 적응의 차원에서, 심리학은 개인의 자아치료라는 측면에서, 그리고 교육학은 평생학습과 결합하여 자기계발의 중요성을 강조한다.[7] 각기 접근 방식은 달라도 이들 자기계발에는 공통점이 있다. 그건 '성과'라는 결과물이다. 즉, 자기계발은 실질적인 해결책을 동반하지 않으면 무용지물이다. 그렇다면 지금 이십대는 과연 이런 자기계발이 추구하는 바를 달성하고 있기에 거기 목매는 걸까?

그러나 아무리 봐도 지금의 자기계발 현상에는 '이렇게 하라!'는 주문만 있지 그로 인해 '달라진 결과'가 없다. 그렇게도 자기계발이 현상황을 극복할 유일한 진리라면, 그래서 여기에 한 개인이 '예스'라고 응답했다면 그로 인해 조직에 적응이 되든지, 자아가 구체적으로 치료되든지, 아니면 평생에 걸쳐 '즐길' 어떤 기술이라도 연마되든지 해야 할 텐데, 지금 도대체 어떤 결과가 이십대들에게 있단 말인가. 오히려 지금의 청년들은 그런 결과 자체가 존재하지 않는 걸 특성으로 갖고 있지 않은가.

언제부턴가 이 사회에선 죽기 살기로 고생해서 성공했다는 사례보다 죽을 만큼 노력해도 되지 않는 경우를 찾는 게 더 쉬워졌다. 10초만 인터넷을 검색해보라. 이십대와 관련된 안쓰러운 통계 수치 찾는 건 식은 죽 먹기보다 쉽다. 젊음이 무기여서 품을 수 있는 '미래에 대한 조금은 엉뚱한 희망'마저 요즈음엔 거의 저질러지지(?) 않는다. 인간이라면 누구나 누려야 할 기본적 행복이 아무나 가질 수 없는 행복이 된 기이한 사회에서, 어쩌다 성공한 하나의 사례를 마치 누구나 달성할 수 있는 자기계발의 목적지인 양 일반화시켜 개인을 압박한다면? 어디에도 자신이 겪는 고통을 하소연할 수 없는 대다수의 청춘들은 일그러지고 말 뿐이다.

문제는 자기계발과 성공의 간격이 이처럼 멀리 떨어져 있음에도 불구하고 '그럼에도', 아니 '그렇기에' 강조되는 것은 늘 자기계발이라는 점이다. 즉, 문제의 극복이 가능하다는 자기계발의 논리가 사실은 평생 '극복만 주문'받는 개인을 만들어버린다. 이십대는 불안하니까 자기계발 담론을 받아들여 위기를 넘어서려 하지만, 불행히도 그 불안한 상태는 계속 유지되는 아이러니한 상황에 도돌이표처럼 갇혀버리는 것이다. 모두가 이 자기계발의 수행에 동참하면 그 어마어마한 참여자들 덕택에 성공하는 '하나의' 사례는 또 발견될 것이고, 이는 '가능성'의 객관적 증거로 활용될 것이다. 그리고 이렇게 희박한 성공의 가능성이 표면화될 때, 목표에 도달하지 못한 수천수만의 사례는 '노력 부족'이라는 말로 간단하게 정리 처분된다. 이렇게 좌절하는 자아가 많아질수록 자기계발서 시장은 더 커진다는 건 두 말하면 잔소리. 노골적으로 말해, 자기계발서를 읽었다는 건 '낚였다!'의 다른 말인 것이다.

다소 극단적인 예이긴 하지만, 현실에서 횡행하는 자기계발 논리의 일단을 한번 보시라. 베스트셀러라는 『20대, 자기계발에 미쳐라』를 보면 이십대는 무능력하기에 자기계발에 미쳐야 하며, 그러

1장 강의실에서 바보가 된 어느 시간강사 이야기

기 위해서는 사고방식의 변화가 중요한데 그중 하나가 바로 긍정적인 말에 미치는 것임을 강조한다. 그래서 "나는 할 수 있다" "나는 내 꿈을 이루어가고 있다" "나는 반드시 성공한다" 등의 말을 계속하면 성공을 불러들이고, "내가 과연 잘 해낼 수 있을까?" "이러다가 실패하면 어떡하지?" "힘들어" "짜증나" "죽겠어" 등의 부정적인 말을 하면 실패를 불러들인다고 강조한다. 그러면서 저자는 "그대의 20대가 10대 시절 원했던 바로 그 삶이 아니라면 운명이나 환경을 탓하기에 앞서 그대의 혀를 탓해야 한다"며 '실패란 없다'는 사고방식에 미치길 강요하다시피 한다.

주술을 믿는 사람이 아닌 다음에야, 이런 당연지사를 입으로 반복해대는 접근법이 갖는 명백한 한계에 대해 무슨 설명이 더 필요할까. 오늘날 한국의 젊은이들이 실업에 허덕이는 이유가 다른 세대보다 더 게으르고, 덜 똑똑하고, 더 어설프고, 덜 활동적이어서다? 말도 안 되는 소리다.[8]

사람이 실패하는 데 있어서 '노력 부족'이란 개인적 변수가 결정적이라면, 왜 그런 부족 현상이 경제력 층위별로 정확하게 구별되어 나타나느냔 말이다. 왜 집안의 '소득'과 개인의 '성공'이 탄탄하게 비례하는 지표들이 수두룩하냔 말이다. 취업 실패 이유에 개인이 감당해야 할 몫이 존재하지 않는다는 게 아니다. 다만, 성공의 요인이 100% 개인적 역량 때문은 아닌 것처럼, 실패 역시 마찬가지란 얘기다.

위기가 있더라도 스스로 노력하라는 식으로 지금 이십대의 고달픔을 정리하기에는 그 위기의 정도가 너무 크다! 우리가 이십대를 주목하는 것은 이들이 자기계발을 해도, 자신의 몸과 시간을 잘 관리해도 그 노력이 더 이상 통하지 않게 된 세상 때문이다. 단언컨대, 젊으니까 괜찮다는 위로는 현실의 고통을 잠시 외면하게 하는 모르핀일 뿐이다. 그럼에도 구조의 쳇바퀴에 갇힌 이십대는 "자기계발을 못하고, 자신의 몸과 시간을 잘 관리하지 못한 사람은 탈락할 테고, 그것은 전적으로 그의 책임"[9]이라는 생각을 가랑비에 옷 젖듯 내면화하게 된다.

분명한 것은 이런 부류의 서적들이 판매부수 상위권을 휩쓸고 있는 것은 이십대 역시 '그렇게' 믿고자 했고, 최소한 '그러기를' 희망한다는 증거이다. 앞서 KTX 여승무원의 정규직 전환 요구를 분명하게 거부한 이십대들의 모습과 얼핏 겹쳐지는 지점이다. 자기계발 담론의 핵심이 '긍정과 노력'이라는 것은 두말하면 잔소리다. 이는 곧 노력한 만큼으로 얻게 된 위치(지위)가 '비정규직'이라면 군말 말고 그걸 받아들이는 게 당연하다는 논리로 이십대들에게 다가간다. 그렇다면 이십대는 자신들이 자기계발을 하고 있기 때문에, 또는 자기계발을 해야만 하는 상황에 놓여 있기에 그토록 비정규직의 정규직 전환 요구에 차가운 반응을 보인 걸까?

다시 말해, 이십대들의 (내가 보기에는 냉정하고, 그들 입장에서는 지독히도 당연한) 낮은 사회적 연대의식에는 자기계발 시대의 그림자가 일

1장 강의실에서 바보가 된 어느 시간강사 이야기

종의 '밥그릇 싸움'의 형태로 짙게 드리워져 있는 걸까? 그래서 '나
도 노동자가 되니까 정규직이 더 많아졌으면 좋겠다!'는 식의 이해
가 아니라, '저 사람들은 내가 들어갈 정규직 자리에 무임승차하고
있다!'고 받아들인 것일까?

이십대를 이해하는 것,
그래서 이십대에게 할 수 있는 말

대학생들이 왜 KTX 여승무원들
의 정규직 전환 요구에 그토록 예민했을까 하는 질문으로 돌아가보
자. 이 질문은 이십대들이 과거와는 차원이 다른 경제적 약자가 되
었다는 사실을 전제로 하고 있다. 그러니 누구나 일반적으로 경험
하는 생애사적 에피소드로서 이들의 상황을 이해해서는 안 된다.
살아보니 열심히만 하면 다 되더라는 식의 훈계가 상황을 호전시킬
리 없잖은가. 그런데도 이십대들에게 주어진 답안은, 그리고 이십
대들이 환호한 응답은 다름 아닌 '자기계발'이란 이름의 고전적 훈
육이다.

이들의 삶에서 사실 자기계발이란 거창한 게 아니다. 단 하나의
목표, 즉 '취업 준비'가 전부다. 예외는 있겠지만, 대부분의 이십대
대학생들이 입학해서부터 의무적인 자기계발을 강요받고 그런 쪽

으로 시간을 활용한다.

이 과정에서 이들은 '자신이 무엇을 위해 특정한 시간을 보내고 있다'는 생각을 자연스럽게 체화한다. 따라서 그런 시각에서 보면, 비정규직은 정규직이 되기 위한 노력을 다하지 않은 결과일 뿐이니 비정규직 노동자의 정규직 전환 요구는 '정정당당하지 못한 도둑놈 심보'가 되는 것이다. 즉, '나는 이만큼 시간을 투자했는데 넌 아니잖느냐'는 반응인 셈이다. 현재의 경제적 상황을 자기계발로 극복하고자 하는(혹은 극복해야 된다는) 사회적 분위기는 이십대로 하여금 이렇게 비정규직의 정규직 전환 요구 문제에서 특정한 입장을 갖게 만든다. 그 결과, 자신들이 종사하게 될 그 '노동시장'의 환경은 더 나빠질 뿐이다. 이렇게 스스로 무덤을 파는 이 역설적 상황이 내 '의문'의 출발지점이었다.

이 대목에서 듦직한 의문점이 몇 있을 것 같다. 그중에서도, 내가 이렇게 놀라움을 표하고 있는 현상이 과연 일반화할 수 있는 것인가 하는 의문이 가장 클 듯하다. 다시 말해, 이십대들이 자기계발에 매진하기 때문에 그런 반응을 보인다는 걸 '구조적인 문제'로 설명할 수 있느냐는 거다. 위에서 묘사한 이십대의 일련의 반응이 '특정한 누군가'의 돌출된 행동이나 생각이 아니라, 그런 사회적 상황에서는 늘 나타나게 되는 '일련의 패턴'으로 볼 수 있느냐는 말이다. 즉 '자기계발을 한다는 것'이 이십대에게 얼마나 일상적인 모습인지, 그리고 그런 일상이 이십대에게 어떤 관점을 심어주는지, 그리

1장 강의실에서 바보가 된 어느 시간강사 이야기

고 그 관점이 특정한 이슈에 대해 어떤 식으로 일관된 반응을 드러내는지를 증명하지 않고서는 내가 놀란 그 사건은 결코 '사회학적 주제'가 될 수 없다.

과거와는 차원이 다른 경제적 약자가 된 이십대가 앞으로도 계속 스스로 약자가 될 환경을 지지한다는 사실, 이 블랙 코미디 같은 사실을 가능케 하는 이십대의 일상적 메커니즘을 앞으로 이 책은 확인해갈 것이다. 이를 위해, 비정규직에 대한 이십대의 입장이 이들의 일상 전반을 관통하고 있음을 보여줄 것이다. 아마도 이들의 일상에서 보이는 그 '특유의 냉정함'은, 비정규직 노동자 파업 등의 이슈에서만이 아니라 동년배 집단들과의 관계 속에서도 여러 형태로 그 결을 달리하여 무의

이십대의 취업 분투기
이십대들은 채용되기 위해 치열하고 고독한 레이스를 펼쳐야 한다. 뒤처지면 바로 낙오되는 상황에서 이들은 초인적인 자기계발에 매달린다. 이들에게 다른 곳을 바라볼 여유가 없는 것이 당연하다.

(출처: 미디어카툰(www.metoon.co.kr)/정태권)

식적으로 작동되고 있음에 분명하다.

　무의식적이라는 것은 특정한 행동과 생각에 의심할 여지가 없는 타당한 이유가 전제되어 있다는 뜻이다. 즉, 이십대가 그러한 모습을 보이는 데는 자신들만의 너무나도 당연한 이유가 있다는 것이다. 이들이 보기엔, 비정규직 노동자가 별안간 정규직이 되길 희망하는 건 공정하지 못한 반칙일 뿐이다. 그리고 이십대의 이런 반응은 어떤 의미에서 '불의에 대한 저항'이기조차 하다. 이 책은 이런 사고가 이십대 동년배' 집단 전체에서 작동되고 있음을 드러낼 것이다. 다시 말해, 그렇게 행동하는 건 이십대들이 공유하고 있는 특정한 신념 때문이며, 거기엔 빈약한 공정성 개념도 관련되어 있음이 밝혀질 것이다.

　그리하여 문제는 이렇게 드러날 이십대의 암울한 특징들이 우리가 '닥치고 자기계발!'이라는 담론으로써 적극적으로, 그리고 선동적으로 격려하고 있는 바로 그 요란한 사회 분위기 덕택이라는 점에 있다. 이 분위기가 이십대에게 자기계발을 해야 하는 당위의 동력이 되기 때문이다. 이러니 '자기계발하기'에 대해 의심한다는 건, TV만 틀면 멘토를 자청하는 수많은 인간들이 "이렇게 살면 됩니다!"라고 난리치는 세상에서 사실상 금기시 되고 있다. 이렇게 모든 문제의 원인은 '개인'에게 있고, 그래서 문제를 해결하는 길은 '개인의 노력'뿐이게 되고 만다. 하지만 그런다고 "살아보니 열심히만 하면 다 되더라!"는 훈계가 진실이 되는 건 아니다.

　　　　　　　　1장 강의실에서 바보가 된 어느 시간강사 이야기

정말로 가슴 아픈 건, 자기계발서가 많이 팔리고 또 이를 읽고 감동받아 일상에서 자기계발을 실천하는 사람이 늘어날수록 절망에 빠져 있는 끔직한 이십대의 이야기는 비례적으로 늘어난다는 사실이다. 그럼에도 이십대에게 권유되고 이십대가 화답하는 이야기는 오직 '자기계발'뿐이다. 그러나 이건 늪이요 덫일 뿐이다.

물론 이 책은 단지 이십대만을 이해하는 데서 그치지 않는다. 자기계발이 당연시 되는 시대를 살아가는 모두가 이 책이 말하고자 하는 '시대의 피해자'들이다. 자기계발이 당연시 되는 이 사회 분위기에 한번 발목을 잡히면 세상만사를 자기계발서의 눈으로 바라보게 된다. 물론 그래서 좋은 점도 있을 것이다. 그리고 TV에 나오는 유명인들은 그런 점만을 말한다. 하지만 그 좋은 점만 상상한다는 이상한(?) 긍정의 힘 때문에 이 자기계발의 덫은 더욱 견고해진다. 그 사이 자기계발하기의 부작용은 점점 쌓여간다. 그 당사자는 자기가 어떤 상태인지 잘 알지 못한다. 하지만 이 책을 통해 독자들은 불안한 현대사회를 살아가는 이십대들이 이 불안을 극복하기 위해서 '어떤 불안한 사람'이 되었는지를 이해하게 될 것이고, 동시에 이를 자신에게도 성찰적으로 적용시켜볼 기회를 가질 수 있을 것이다.

이 책은, '자기계발 권하는 광기의 사회'가 어떤 인간상을 창출하는지를 일개 개인의 모습으로서가 아니라 분명한 집단적 특징으로서 보여줄 것이다. 그 과정에서 나오는 질문들은, 비정규직 노동자의 정규직 전환 요구에 반대하는 청년들을 만들어낸 시스템의 정체를 확인하기 위한 것이다. 또한 이 시스템이 어떻게 견고히 재생산되는지에 대한 답을 찾기 위함이다. 이는 실업이 낯설지 않고, 취업은 늘 불안정한 것이 되어버렸으며, 그렇기에 해고의 공포를 인간 본연의 감정인 양 갖고 살아가는 현대사회에서 한국의 이십대가 어떤 삶을 살아가고 있는지에 대한 설명이기도 할 것이다.

이 삶의 형태를 분석함으로써 왜 이십대가 자기계발에 몰입하게 되는지, 왜 이십대가 자기계발에 몰입하는 식으로 세상을 이해하려 하는지에 대한 답도 찾게 될 것이다. 이를 바탕으로, 순환고리에 갇힌 잘못된 시스템에 어떻게 균열을 낼 수 있을지에 대한 약간의 통찰이나마 얻을 수 있기를 기대한다. 그럼으로써 힘들어 죽겠다는 현재의 이십대를 진정으로 위로할 수 있는 말은 무엇이 되어야 하는지에 대해 분명히 말할 수 있었으면 싶다. 동시에 그 '제대로 된 위로'가 이십대가 처한 그릇된 사회적 상황을 해결해나가는 첫걸음이자 본질적인 과정이 되기를 바란다.

2장

자기계발서의
눈으로 세상을 보다

이십대가 자기계발을 하는 이유는, 자신들이 인정하지

않던 바로 '그 사람들'이 되기 싫어서다. 이것이 자신

을 자기통제적인 자기계발로 몰아붙이고, 덩달아 '시간

관리'에 대한 신념은 더욱 강화되며, 이 신념은 타인을

평가하는 고정관념으로 되게 만든다. 이제 이십대는 살

아갈수록 세상을 바라보는 관점이 더 극단적으로 좁아

질 수밖에 없는 운명이다.

이십대의
자기계발 아이러니

학기가 마무리되면 가끔 성적을 올려달라는 학생들의 간곡한 부탁을 받을 때가 있다. 특히 상대평가에서 아쉽게 등급이 갈린 경우라면 학생들의 구구절절 사연은 더 길어진다. 그런데 한 학생으로부터 뜻밖의 메일이 왔다. 그는 A+ 성적이 확정된, 그러니까 수업에 아주 성실히 참여하고 과제와 시험도 잘 본 학생이었다. 이 학생이 성적에 이의제기할 리는 없을 텐데 싶었다. 그래서 학기를 마치면 가끔 받게 되는 일반적인 감사 메일 정도일 것이라 생각했는데, 그 내용은 "강사님, 제가 취업문제로 인해 한 학기 더 다녀야 될 것 같아서 부탁드립니다. 제 성적, 꼭 좀 F 주세요!"였다. 자기는 지금 졸업을 해서는 안 되는 상황이라는 것이다.

그러니까 지금 이 학생은 어떻게든 졸업을 미루고 싶다는 얘기인데, 사실 아주 드문 경우는 아니다. 강의 때마다 출석부에서 9학기생 10학기생을 꽤 자주 보게 되는데다, 정상적인 8학기 졸업생이라 하더라도 휴학이다 뭐다 해서 실제 학교를 다닌 총기간은 4년이 넘는 경우가 허다하다. 그래서 일부러 학점을 포기해가면서까지 졸업을 하지 않으려는 이 학생의 상황이 어떤 것인지는 대충 짐작할 수 있었다. 학점관리는 취업준비의 기본이라는 요즘 세상에서, 역설적으로 취업 때문에 그 학점을 버리려는 한 학생의 이상한 요구에 나는 (절대로 그렇게 해서는 안 되지만) F를 주었고, 덕분에 B학점에 해당했던 누군가는 A를 받았다.

이를 '취업문제 때문에 요즘 별의별 일이 다 벌어지네!' 하는 정도로 무심히 지나칠 수도 있겠지만, 한번 곰곰이 생각해보자. 그 '별일'의 당사자들은 오죽하면 그러겠는가. 그는 취업준비는 준비대로 하면서 학점에 소홀히 하지 않기 위해 최선을 다했다.(이거 결코 쉬운 일이 아니다!) 그런데 A+라는 훌륭한 결과물을 얻고도 '취업'이라는 급박한 목표를 위해 그걸 포기했다. 이 친구가 다음 학기 다른 수업에서 또 A학점을 받는다는 어떤 보장도 없는데 말이다!

생각이 그런 데로 가닿기 시작하면 마음은 안쓰러움과 미안함으로 몹시 무거워지곤 한다.(사실, 나는 감사인사를 받아야 하는 상황인데 말이다.) 이 미안함은 아마도, 엄청난 무게의 고민을 '아직 취업이 되지 않았다'는 너무나도 심플한 이유로 얼른 덜어내고자 한 그 학생에게 작은 위로조차 하지 못하는 선배로서 반성의 마음이었을 것이다. 취업문제가 추상적으로야 이들에게 어쩔 수 없이 주어진 시대적 고통이라 뭉뚱그려지겠지만, 막상 그것이 낱낱의 당사자들을 짓누르는 현실의 구체적 고통으로 다가올 때는 어찌 세상의 많은 별일들 가운데 하나로 간단히 넘어가지겠는가.

그럼에도 그 학생은 "힘들어도 노력하다 보면 이겨낼 수 있을 거야!"라는 식의 '무지한 훈계' 또한 얼마나 많이 들어왔을까. 그가 겪었을 고립무원의 상황을 떠올려보니 마음이 정말 짠해지지 않을 수 없었다. 나는 정말로 그의 손을 잡아주고 싶었다. 다음날 나는 그에게 "그냥 인생선배로서 술 한잔 사주고 싶다"고 말했고, 우린 그렇게 처음 만났다.

그의 이름은 강진솔. 스물여덟 살 남자다. 현재 수도권 4년제 대학에 다니고 있으며, 지금 마지막 학기다. 그런데 말이 마지막 학기지, 사실 3학점을 남겨두고 계속 졸업을 미루다 보니 진솔이는 마지막 학기를 3학기째 계속하는 중이다. 지난 학기도, 지지난 학기도 그는 '마지막 학기'였다. 요즘 대학에서는 꽤나 흔한 일이다. 졸업할 조건이 되어도 졸업을 미루는 '캠퍼스 캥거루'들이 갈수록 늘고 있다. 그런 보통의(?) 대학생들 중 한 명인 진솔이는 사실 7학기 때부터 취업서류를 여기저기 넣고 있었다. 기업에 따라서 합격만 하면 남은 한 학기를 마무리하고 올 수 있게 해주는 친절한 곳도 있기 때문이다. 물론 어떤 곳에서도 진솔이를 오라고 하지 않았다.

그리고 공식적 마지막 학기인 8학기, 그는 47곳에 입사지원을 했지만 그중 44곳에서 서류심사조차 통과하지 못했다. 서류라도 통과시켜준 3곳에서는 면접 이후 별다른 통보가 없었다. 이제 졸업을 해야 했지만, 졸업자 신분으로 취업시장에 나서면 본인의 경쟁력이 떨어질 것 같다고 생각했다. 기업들도 졸업자보다 졸업예정자를 더 선호한다니까. 그래서 '졸업예정자' 신분을 어떻게든 유지하고 싶었다. 그렇게 또 1년이 지났다.

〈도표 4〉 대학생 4학년생 10명 중 4명이 취업 등의 이유로 졸업연기

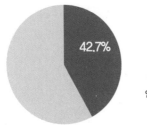

42.7%

대학생 10명 중 4명이
"졸업 연기할 계획 있다"

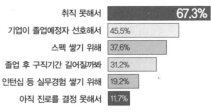

취직 못해서	**67.3%**
기업이 졸업예정자 선호해서	45.5%
스펙 쌓기 위해	37.6%
졸업 후 구직기간 길어질까봐	31.2%
인턴십 등 실무경험 쌓기 위해	19.2%
아직 진로를 결정 못해서	11.7%

졸업 연기하는 이유 1위
"아직 취업하지 못해서"

(출처: 취업정보사이트 사람인, 2013년 1월 16일)

오늘날의 대학생들은 대학의 낭만과 자유를 즐기기 위해서가 아니라 취업을 위해 졸업을 미룬다. 사회로 나가기 위해 대학에 머무르는 아이러니. 한 문학평론가는 대학을 떠나기 두려운 이들을, 기형도의 시를 응용해 이렇게 표현한다. "목련철이 오면 친구들은 고시원과 군대로, 더러는 어학연수를 위해 외국으로 흩어졌고, 시를 쓰던 후배는 입사 면접을 보고 왔다고 털어놓았다. 문학에 재능이 있었던 친구가 많았지만 그들은 과외와 아르바이트를 하느라 원체 바빴다. 몇 번의 겨울이 지나자 나는 비정규직이 되었다. 두 차례 휴학해야 했고, 누구나 그런 것 같아 나는 외톨이는 아니었다. 나쁜 학점 때문에 대학을 떠나기가 두려웠다."

　오직 취업만을 목적으로 하루하루를 이에 맞춰 생활한 지가 벌써 6년째. 진솔이는 군에서 제대하고 워킹홀리데이를 다녀왔고, 그 이후에는 새벽반 토익학원도 2년을 다녔다. 물론 점수도 꽤 된다. 다른 사람들은 있는지도 모르는 각종 자격증도 갖추고, 몇 건의 공모전 입상 경력도 있다. 게다가 학점도 우수하다. 그러나 진솔이는 지금 매우 지쳐 있다. 특히 그런 스펙들이 모종의 '결과'로 이어지지 않는 삶이 너무 오래 지속되다보니, 어떤 공허함에 짓눌리는 공포감마저 느끼고 있었다. 확실한 보장도 없는데 일단은 뭔가를 계속

하고는 있어야 하는 상황에 무엇보다 절망했다. 이 감정, 인간이라면 당연한 것 아니겠는가.

소주가 여러 잔 돌자, 그는 학교 취업지원팀에서 받았던 상담 이야기를 꺼냈다. 입사원서를 집어넣길 족히 100차례가 되었을 때, 진솔이는 혹시나 괜찮은 구인정보라도 얻을까 싶어 취업지원팀을 찾아갔다. 그런데 그곳에서는 진솔이의 이력서를 슬쩍 살펴보더니 "휴학하고 토익학원을 다녀서 점수를 더 올려보는 게 어때요?"라고 하더란다. 토익성적은 이미 880점, 이 점수를 얻는 데 거의 2년을 쏟은 진솔이는 이제 토익공부는 그만하고 싶었다. 그 정도 점수면 어디든 지원하기에 큰 문제는 없으니까. 하지만 취업지원팀이 고작 해준다는 조언이 "그래도 900점이 넘으면 좀 안심이 되지 않을까요?"였다. 진솔이는 그딴 식의 상담이 무슨 취업 '지원'이냐며 매우 분노했다.

게다가 휴학이라니. 그에게는 지금 1200만 원의 학자금 대출이 있다. 지난해부터는 이자만 빠지는 게 아니고 원금을 분할 상환해야 했다. 처음 대출을 받을 때, 당연히 취업이 돼 있을 줄 알았던 '5년 후'가 전혀 취업이 되지 않은 상황임에도 어김없이 찾아왔다. 당연히 갚을 길은 막막하다. 그 돈을 벌기 위해, 지금 이 귀중한 시간에 아르바이트를 할 수는 없다. 어쩔 수 없이 '연체자'가 되었다. 이처럼 얼른 대학 딱지를 떼야 하는 절박하고도 간절한 상황인데, 좀 더 준비를 해야 하지 않겠느냐 식의 생각 없는 말을 남들은 너무 쉽

2장 자기계발서의 눈으로 세상을 보다

게 해댄다.

그렇다. 당사자에게 그건 끝도 안 보이는, 너무 잔인한 주문이다. 나는 그런 진솔이의 고통에 대해 그건 '네 탓'이 아니라는 점만큼은 분명히 말해주고 싶었다. 영화 〈내 깡패 같은 애인〉에서 깡패 오동철(박중훈 분)이 취업을 준비하던 옆방 여자 한세진(정유미 분)에게 했던 말처럼.

오동철 : 너 아직도 노냐?

한세진 : 예? 노는 게 아니라……

오동철 : 요새, 취직하기도 힘들다는데…… 불황 아니냐, 불황. 우리나라 백수 애들은 착해요. 텔레비전에서 보니까 프랑스 백수 애들은 일자리 달라고 다 때려 부수고 개지랄을 떨던데, 우리나라 백수 애들은 다 지 탓인 줄 알아요. 지가 못나서 그런 줄 알고. 아휴~ 새끼들. 착한 건지. 멍청한 건지. 다 정부가 잘못해서 그런 건데~~ 야! 너도 너 욕하고 그러지 마. 취직 안 된다고. 니 탓이 아니니까. 당당하게 살어! 힘내 씨발!

사실, 일개 사회학 강사가 해줄 수 있는 말이 '열심히 일한 당신! 더 이상 스스로를 탓하지 마세요!'라는 식의 말 말고 또 뭐가 있을 수 있겠는가. 하지만 나는 차마 그 말도 하지 못했다. 왜냐고? 식사 내내 "불안하다"를 입에 달고 있었던 진솔이, "막막하다"를 연발하

던 진솔이, "이런 게 다 무슨 소용 있을까요?"를 대여섯 번은 언급
했던 진솔이가 이 모든 과정을 '그래도' 긍정하고 있었기 때문이다.
본인이 어쨌든 '괜찮다'는데, 그를 위로하려고 만난 내가 어찌 그
앞에서 '그렇게 생각하면 안 돼!'라고 말할 수 있겠는가 말이다.

"솔직히 힘들어요. 벌써 6년째 같은 생활이 반복되는 것도 힘들
고 토익공부 등을 그저 점수만 바라보고 하는 것도 짜증나죠. 돈이
없으니 즐기지도 못하고 생활을 쥐어짜는 것도 그래요. 그런데, 이
과정을 거치지 않고서는 취업의 조건이 만들어지지 않으니 어떡해
요. 그나마 아직 희망을 갖고 스펙을 채워서 이력서를 넣을 수 있다
는 것이 어딘가요. 이렇게 자기계발하고 있으니 좋은 일 있을 거라
믿어요. '아프니까 청춘'이라고 하잖아요. 이겨내야죠. 힘들지만,
매뉴얼에 맞추어서 내 자신을 엄격하게 관리하는 것에 자부심을 느
껴요. 솔직히 게으른 사람보다는 그래도 이것이 괜찮은 거잖아요."

진솔이의 이 짧은 언급에는 한국 사회의 이십대 대학생들이 자기
계발에다 어떤 의미를 부여하고 있는지가 세 가지 측면에서 명료하
게 나타난다. 그리고 이는 이십대들의 힘든 삶에 대해 "그건 너희
탓이 아니야!"라고 말하고자 했던 내 방식의 위로가 매우 허망하게
들리게 되는 이유이기도 했다.

먼저 첫째, 이십대 대학생들에게 자기계발이란 취업의 목적을 달
성하기 위한 수단으로서만 의미가 있다는 점이다. 진솔이는 '취업
준비 과정'을 온전히 자기계발의 차원에서 이해하고 있었다. "이 과

정을 거치지 않고서는 취업의 조건이 만들어지지 않으니" 자기계발을 할 수밖에 없는 것이다.

진솔이뿐만이 아니라 여타 학생들과 이야기를 나누어보면 반드시 등장하는 내용이 있다. '지금 취업 때문에 자신이 고생하고 있는 현실'을 부단히도 강조한다는 것이다. 특이한 건 누가 취업문제를 꺼내지도 않았는데 알아서 그렇게 자동적으로 답한다는 것이다. 사실 "자기계발하고 계신가요?"라는 질문을 받게 되면, 자기계발이 무엇을 뜻하는지, 혹은 주말마다 여행을 다니는 것이나 영화감상도 자기계발에 포함되는 것인지 물어볼 수도 있다.

하지만 이십대 대학생들은 '자기계발'이란 단어와 마주하면 당연히 이를 "취업준비로 무엇을 하고 계신가요?"의 의미로 받아들였다. 즉, 이들에게 '자기계발하기'란 당연히 외국어공부, 학점관리, 자격증 취득, 인턴, 봉사활동, 공모전 참가, 체력관리, 외모 가꾸기(심하면 성형도 불사), 자기소개서 작성 연습, 프레젠테이션 및 스피치 훈련 등을 말한다.

그냥 평범히 자신이 평소 관심 있었던 과목을 신청하여 듣고 도서관에서 책 좀 보는 것? 이런 것들은 그들에게 자기계발이 아니다. 진솔이는 학교 교양수업에서 우연히 접한 '클라이밍'(실내 암벽등반)을 무척이나 좋아했었다. 한 단계씩 도전해나가는 과정이 말 그대로 자기계발이라 할 수 있다. 하지만 아무도 그걸 '자기계발'로 인정하지 않는다. 진솔이 자신조차도. 본인이 진정으로 무엇을 느

요즘 대학생들이 준비하는 시험과 자격증

대학생들이 취업을 위해 준비하는 자격증 및 시험의 종류는 많기도 많다. 토익(TOEIC), 토플 (TOEFL), 일본어능력시험(JLPT), 중국어능력시험(HSK), 한국어능력시험, 컴퓨터활용능력, MS오 피스 자격증, 인터넷정보관리사, 펀드투자상담사, 증권투자상담사, 파생상품투자상담사…

끼는지는 중요하지 않다. 그건 그냥 취미일 뿐이다.(그래서 진솔이도 안 한 지 6년이 되었다.) 오직 '취업을 위한 활동'만이 자기계발의 영역에 들어갈 수 있다.

"영혼이라도 팔아서 취직하고 싶다"는 게 이십대들의 현실이다. 무슨 대외활동을 하더라도, 겉으로는 '다양한 세상 경험'을 말하지만 이들에게 그것이 선택된 이유는 오로지 취업을 위한 자기소개서에 한 줄 기입될 수 있기 때문이다. 또는 이십대들의 모든 '다양한 세상 경험'은 결국에는 취업에 도움이 되리라는 포장을 쓴 채 진열된다. 그렇게 이십대의 자기계발은 '취업준비'의 다른 말일 뿐이다.

취업의 수단으로 이십대 대학생들에게 선택되는 자기계발은 그래서 '계발(啓發)'이라기보다는 '개발(開發)'의 성격이 짙다. 다시 말해, 토익 공부는 '영어인증 성적'을 상향시킨다는 목적이 있기에 수행되는 것이지 '자기계발 그 자체'에 어떤 만족을 느끼기 위한 것이 아니다. 가고픈 회사의 토익 기준이 800점 이상이라면, 예컨대 780점이라는 성과는 자기계발에 실패한 징표일 뿐이다. 엄청나게 노력해서 780점을 받았던들, 모자란 20점이 '노력 부족'을 간단히 증명한다. 어떻든 영어공부를 통한 영어실력 향상이라는, 실제로 자기가 계발된 성과가 있더라도 이들에게 이것은 그냥 영어공부를 한 것이지 자기계발을 한 게 아니다. 이십대의 자기계발에서는 '자신에게 가치가 있다'는 게 그 자체만으로는 아무런 의미도 갖지 못한다. 외부에서 인정하는 어떤 성과의 지표로 증명되지 않는 혼자만의 자아성장? 지금 그렇게 한가한 자기만족은 관심 밖이다. 이들에게 자기계발이란 '가시적인 성과를 달성하는 것'이기 때문이다. 사회가 또 그렇게 하도록 강요한다.

그래서 이십대에게 자기계발이란 '성과를 얻기 위한 훈련의 과정'이며, 그렇기에 여기엔 고통스러운 '자기희생'이 따른다. 내 자신의 만족이 아니라, 외부가 만족할 수 있도록 하는 가운데 자아가 희생되는 까닭이다. 그 희생의 내용은 각종 자기통제다. 그중 시간에 대한 통제가 제일 강조된다. 이들에게 일일계획은 시간 단위로 이루어져야 하며, 하루 매상을 체크하는 수퍼마켓 주인처럼 매일매일 어떤 '업적'을 완수했는지도 측정한다. 그렇게 이십대는 자신의 목표에, 그리고 그 목표를 달성하기 위한 시간에 스스로를 구속시킨다. 진솔이도 지난 6년을 그렇게 살았다. 그 희생과 고통의 자기계발을 감수하는 대가로 무엇 하나 보장되는 것 없이 말이다.

왜 아무도
문제시 하지 않는 걸까?

이십대 자기계발하기의 두번째 특징은 그 결과가 무엇도 보장되지 않는데도 다른 대안이 없어 그저 '계속' 해나가고만 있다는 데 있다. 자, 진솔이는 취업 수단으로

2장 자기계발서의 눈으로 세상을 보다

서만 의미가 있는 자기계발만을 하고 있다. 그 자기계발은 해나가는 것 자체가 무척이나 재미없고 고통스럽다. 게다가 지난 6년간의 그 고생에도 목적은 달성되지 않았으니, 이 방식이 과연 의미 있고 가치 있는 것인지 의심해야 마땅하다. 하지만 진솔이는 이 고통스러운 '자기통제'를 스스로 수긍한다. 성과가 쉽게 나타나지 않아 답답은 하지만 결국에는 자신을 위로하고 긍정한다. 괜찮을 것이라고. 언젠가 잘 될 것이라고. 왜 그럴까?

진솔이의 태도는 이 사회가 이십대에게 강요하는 자기계발의 한 축으로부터 크게 영향받은 것이다. 자기계발에는 두 가지 형태가 있다. 하나는 "뜨거운 열정으로 도전하라!"식으로, 자기통제를 통해 목표에 이르고자 하는 사람을 채찍질하는 형태. 다른 하나는 그러한 엄격한 자기통제에 지친 개인에게 당근을 주면서 위로한다. "힘들었지? 나도 힘들어. 잠시 쉬었다가 다시 해보자!"식으로, 요즘 세상에 널려 있는 '힐링'의 메시지다. 지금껏 채찍질의 자기계발을 해온 진솔이에게 '아프니까 청춘이다'는 식의 한마디는 무척이나 위로가 된다. 문제는 채찍이든 당근이든 '사람은 모름지기 일정한 희생을 감수하면서 자기계발을 해야 하는 것'이라는 대전제에 대해 아무도 의문을 달지 않는다는 점이다. 채찍은 더 희생하라고 강요하며, 당근은 잠시 쉬면서 긍정적인 생각을 가지고 다시 해보자고 할 뿐이다. 결국 이들에게 자기계발은 벗어날 수 없는 굴레이자, 결코 끝나지 않는 시시포스의 바위 굴리기일 뿐이다.

여기서 한번 생각해보자. 왜 자기계발이 '자기희생'과 동의어가 되는 걸까? 남을 따돌리거나 짓눌러서 우위에 서려는 경쟁을 당연히 여기는 사회에서 살아남으려면, 그리하여 그 사회를 굴려가는 수많은 톱니바퀴의 하나가 되자면 분명 한 개인으로서 자아를 희생시켜야 하는 측면이 있다. 하지만 이것이 왜 '자기계발'이란 멋진 단어로 포장되느냐 말이다.

자기계발이 그 자체로, 수단이 아닌 목적인 게 더 바람직하다는데 무슨 설명이 필요할까. 외부의 기준에다 자기 자신을 맞추는 게아니라, 말 그대로 '자기'의 '계발'을 위해서라면 그것이 등산이면어떻고 드럼 배우면 어떤가. 자기계발이 무슨 100미터 달리기가아닌 바에야 당연히 승자도 패자도 없는 일이다. 애초에 무슨 실패니 성공이니 하는 목적성을 가진 게 아니니, 여기에 실패한 사람들을 겨냥한 '위로'라는 가식적인 포장도 필요 없다. 자기 자신을 위해 운동을 한다면, 그 과정에서 흘리는 땀이 그 정도에 상관없이 성장의 의미를 가질 텐데 왜 '남만큼' '남보다 더'라는 비교가 등장하는가. 비교가 필요하다면 그건 '자기'계발이 아니라 그저 '타인의만족'을 위한 계발일 뿐이다.

그러나 우리 이십대의 현실에선 '하고 싶은 것'이 아니라 목적을위해 '해야 할 것 몇 가지'를 하는 게 자기계발이니 어쩌랴. 그게 적성에 맞으면 금상첨화지만, 아니더라도 해야 될 자기계발 목록을맘대로 정할 수도 없다. 취업이라는 게 이처럼 'MUST(해야만 한다)'

식의 자기계발 분위기 아래 이야기되면, (그래서 취업이 되는 경우도 있겠지만) 결국 취업이 안 되는 것은 사회적 문제가 아니라 개인이 평소 마땅히 해야 할 자기계발에 매진 안 한 결과가 될 뿐이다.

특히나 진솔이와 같은 이십대라면, 아마도 초등학교 시절부터 어떤 식으로든 자기계발이 마치 사람의 기본 도리라도 되는 양 '의무의 영역'으로 강조되었을 것이다. 이들은 "성공한 사람은 모두 자기계발을 열심히 했다"는 식의 설명을 듣고는 했으니, 곧 성공하지 못하는 원인을 이 과정의 부족으로 이해하게 된다.

이런 생각을 강요받은 이들이 지금 이십대가 되어 '청년취업 대란'의 현실과 마주쳐 있다. 어릴 때부터 "누구 집 아무개는 어디에 취

〈도표 5〉 자기계발 강박증 때문에 받는 영향

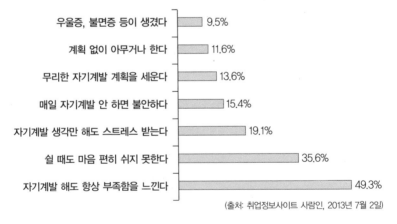

(출처: 취업정보사이트 사람인, 2013년 7월 2일)

자기계발이 당연한 의무가 된 사회에서 자기계발에 대한 강박은 취업 이후에도 계속된다. 직장인 1570명을 대상으로 조사한 자기계발 강박증 현황.

직했다더라”를 일만이천 번 이상 들었을 것이고, “선배 아무개는 S전자에 합격했지!”라는 식의 ‘S전자 합격 = 성공한 삶’이란 공식을 삼백육십오 번 이상 마주했을 것이다. 그래서 이들에게 ‘취업하지 못한 것’은 무슨 시대적 상황이니 어쩌니를 논하기 이전에 ‘성공하지 못한 것’으로 된다. 그러므로 우리 이십대는 성공하지 못한 사람이 되지 않기 위해서 무엇을 해야 하는지 늘 고민한다. 물론 이들에게 그건 당연히 ‘자기계발하기’로 이어진다. 아니, 정확히는 고통스러운 취업준비를 그렇게 시작한다. 그걸 자기계발이라고 부를 뿐이다.

그렇게 자아를 고통스럽게 하는 자기통제의 ‘자기계발’은 이십대에게 일상이 되었다. 그리고 언젠가 잘 될 것이라는 작은 희망으로 버틴다. “고생 좀 하자! 그러면 좋은 일 있겠지?”라며 자기희생을 합리화한다. 그러다 지치면 “조금 쉬다가 다시 달리자!”라는 누군가의 위로에 눈물 흘리며 다시 원래의 그 ‘길’에 올라선다.

문제는 그 ‘좋은 일’이라는 목표가 마냥 달성되지 않으면 이 ‘자신을 옥죄는’ 수단을 의심해봄직한데도 그런 일은 벌어지지 않는다는 점이다. 아니, 취업 때문에 택한 자기계발이 사실상 취업과 별 상관없다는 게 증명되고 있는데 왜 자기계발에 대한 믿음은 흔들리지 않는 걸까? 그러니까 이십대의 취업을 쉽게 허락하지 않는 견고한 사회구조는 늘 그대로인 것 아닌가. 어떤 수정도, 변화도 없이. 그 누구도 문제 삼지 않으니 당연한 일이다. 사회가 견고히 버티고 있으니 개인에게는 결국 또 자기계발 외엔 다른 대안이 없다. 이 괴로

2장 자기계발서의 눈으로 세상을 보다

운 상황을 이십대들은 어떻게 버텨내는 걸까?

바로 여기에 이십대 자기계발하기의 세번째 특징이 있다. '자기계발에 열심이지 않은 게으른 자'와의 비교에서 자신의 현재에 대한 위안과 만족을 구한다는 점. 진솔이는 "솔직히 게으른 사람보다는 그래도 이것이 괜찮은 거잖아요"라며 스스로를 위로한다. 자기계발로 둔갑한 취업준비 과정이 아무리 희생과 상처를 요구하더라도, 이것이 다른 누군가에 비해 시간을 체계적으로 사용하는 것이라면 그 자체를 기꺼이 '긍정적으로' 받아들이는 것이다. "힘들다! 그렇지만 그건 내가 이렇게 체계적으로 살고 있기 때문이잖아!"라는 식으로 말이다.

'내가 투자한 시간'에 대한 이런 집착은 일부러 비교대상을 설정하여 '시간을 써서 무엇을 했는지'가 아니라 '무엇에다 얼만큼의 시간을 썼는지'를 따지게 한다. 그래서 그 무엇, 즉 본인에게 어떤 자기계발 결과물이 없어도 거기에 투자한 '과정'만으로도 "너는 나처럼 노력하지 않았잖아!" 하는 기준을 만들어내어 자신을 방어하는 것이다. 이는 이런 자기만족 외에는 만족을 구할 만한 그 무엇도 없다는 절박함 때문일는지도 모르겠다. 그렇게라도 위안을 얻지 않는다면 그 지루한 고통의 과정을 어떻게 견디겠는가.

그래서 이들의 자기계발은 매우 역설적이다. 취업되기 위해 그 힘든 자기계발을 하는 건데, 결과적으로는 취업과 상관도 없는 단순한 '상대적 비교에서 오는 자기만족'을 위해 자기계발을 하고 있는 셈이니 말이다. 앞서 그 자체로 만족할 수 있는 진정한 의미의 자기계발에 대해 말한 바 있지만, 이 경우는 결코 그것도 아니다. 남보다 위에 올라서려는 노력이 자기계발일진대, 그로 인한 성과가 없다보니 일부러 자신보다 비교우위가 '낮은' 집단을 곁에 세워둔 채 위로를 구하는 셈이다. 그러니 여기서도 결국 '자기'계발은 없다.

중요한 건 이러한 이십대들의 취업준비란 게 이런 경우든 저런 경우든 다 '긍정'됨으로써 자기계발이 스스로 동력을 얻게 된다는 사실이다. 취업과 직결되든, 이와 별개의 만족감을 주든 다 긍정되니 말이다. 그래서 시간을 '어떻게' 활용하는지가 중요하다는 말은, 바로 '누군가와는' 다르게 시간을 사용한다는 데서 만족감을 얻는다는 소리에 다름 아니다. 자기계발하는 이십대의 이 세번째 특징은, 취업이라는 목표로서만 의미 있는(첫번째 특징) 자기계발을 실제로는 별 성과가 없음에도 계속 해야 하는(두번째 특징) 모순의 과정으로 매우 자연스럽게 순환되도록 돕는다.

그리하여 이십대들은 '스스로'라는 의미가 담긴 자기계발을 열심히 하면 할수록, '타인'을 평가하는 기준이 엄격해지는 아이러니한 상황 속으로 빠져들게 된다. 정규직 전환을 요구하는 KTX 비정규직 여승무원들을 조금의 배려도 없이 단호하게 평가한 것처럼 말이다.

촛불 든 이십대,
사회에 눈 감다

사회학자들은 현대인들을 가리
켜 '유동적 자아'를 가졌다고 말한다. 하나의 특징으로 쉽사리 어떤
집단 전체를 규정하기가 어려운 이유일 것이다. 개인이 톱니바퀴
같은 단순하고 고정적인 기능을 수행하던 산업사회를 살고 있지 않
다는 점에서, 지금의 대학생들은 예전의 대학생들과 완전히 다르
다. 특히 1980년대처럼 무턱대고 '정치적 저항성'이라는 특징으로
이 집단을 일반화하기도 어렵다. 오히려 '정치적 저항성이 없다'는
식의 일반화가 훨씬 설득력 있을 것이다.

이렇게 '파편화된 개인들'로 존재하는 오늘의 이십대 대학생들을
하나로 묶어 볼 수 있는 뭔가가 있을까? 예를 들어, 2008년의 미국
산 쇠고기 수입 관련 촛불시위 이야기를 해보자. 당시 나는 시위 현
장의 대학생들에게서 '참여 이유'를 확인해본 적이 있다. 80년대식
으로 생각하자면, 시위에 참가하는 학생들은 어느 정도 비슷한 성
향이라 볼 수 있다. 물론 80년대의 대학생 집단도 그 운동노선에 따
라 PD니 NL이니 하며 나뉘겠지만 크게 보아 어쨌든 '운동권' 아니
겠는가. '나'보다는 '우리'를 강조하는 그런 공동체적 성격의 집단
말이다. 하지만 지금의 대학생들은 전혀 그렇지 않다. 단순히 시위
에 참여했느냐 아니냐의 문제가 아니라, 참여했더라도 그 이유가

너무 제각각이란 거다. '시위 참여'라는 유사성 안에 자리한 그 의미부여가 개인마다 너무 다르니, 이들을 어떤 한 덩어리로 규정하기가 쉽지 않다는 얘기다.

촛불시위의 대학생들 모두가 '촛불은 민주주의다'라는 전제에 동의한다? 오산이다! 지금 이십대들의 '결'은 매우 다층적이다. 누구는 촛불을 들며 '사회적 약자의 권리 쟁취'를 말하고, 누구는 자신의 촛불에 대해 그런 식으로 의미를 확대하는 데 분명하게 반대한다. 즉, 촛불시위에 긍정적이라고 해서 곧 '촛불은 민주주의'라는 담론을 받아들이는 것으로 연결되지 않는다는 얘기다. 그 안에는 시위에 참여하면서도 "촛불이 만고진리냐!"고 받아치는 이십대도 있다. 심지어 취업에 대한 스트레스를 풀기 위해 시위에 참가하는 경우도 있었다. 어느 집단에나 흔히 있을 수 있는 그런 소수들 이야기가 아니라, 무엇을 다수로 여길 수 없을 만큼 다양한 소수들의 집합체랄까?

또 하나, 이십대를 공통의 특징으로 묶어내기가 어려운 까닭으로 중요한 게 있다. 의미가 연속선상에 있는 반응, 즉 A가 나타나면 자연스레 B가 이어지듯 그렇게 동의되는 '다음의 반응'이란 게 있는 법인데, 이들에게선 그게 잘 보이지 않는다는 점이다. 예를 들어, 촛불을 들었던 이십대 가운데 '민주주의적 가치'를 내세운 이들은 다른 유사한 민주주의적 가치와 관계된 이슈에도 같은 입장을 보여야 하는 것 아닐까? 아마 '독재 타도'를 외치던 80년대 대학생이라면

2장 자기계발서의 눈으로 세상을 보다

당연히 오늘의 '학내 복지' 이슈에도 일정한 반응을 보여줄 것이다. 물론 이 두 사안이 방향은 무척 다르지만, "전두환 물러가라!"고 외치는 학생이 "나는 학우들의 등록금 문제에 전혀 관심 없다!"고 말하지 않았으리란 건 분명하다는 얘기다. 그런 관점을 연장해보자면, 촛불시위에 적극적으로 참여한 학생의 경우 암울한 취업 현실이 '공정한 세계'를 원하는 민주주의적 가치관을 갖도록 자극하지 않을까? 그러리라고 여기는 게 자연스럽지 않은가? 더 나아가 이 학생들은 '공정한 세계'와 관련된 여타 사안에 대해서도 비슷한 반응을 하지 않을까? 그러나 이런 예상은 현실에서 여지없이 무너진다.

이쯤에서 토론모임에서 만난 다섯 명의 내 대학생 친구들 이야기를 좀 해야겠다. 편의상 이들을 '독수리 5형제'라 칭하겠다. 익명으로 그들을 호출하는 게 이야기를 풀어가기에 더 좋을 듯해서다. 물론 어쩔 수 없이 고통스런 자기계발을 받아들이고 있는 이십대 대학생들의 내밀한 가치관을 깊숙이 들여다볼 기회였다는 점에서 조심스러운 측면도 있어서지만……

대학에서 강의를 시작하던 2007년 무렵부터 나는 학생들과 작은 독서토론 모임을 해왔는데(정확히는 책을 안주삼아 술을 마시는 친목회다!), 2008년 모임에 들어온 이 다섯 친구들과의 인연은 여태껏 이어지고 있다. 다들 학교도 다르고 집안 배경이나 가치관도 다르다. 재수 삼수 등으로 입학연령대도 다르고, 군대 휴학이다 어학연수다 해서 복학시기도 제각각이다. 그래서 학년은 비슷했지만 나이는 다들 정확히 1년차씩이었다. 취업 강박에 짓눌려 아등바등한다는 공통점 빼고는 이렇게 많은 점에서 서로 달랐다.

사실 이 독수리 5형제와는 선생과 제자라는 관계를 떠나 '같은 시민'으로서 많은 이야기를 나눠왔다. 과제로 낸 '촛불시위 참여관찰'에 대해 이들이 보여준 대단한 열의가 그 계기였는데, 함께 물대포 세례를 맞으며 돈독해진 관계 때문에 이후 술자리도 자주 가지게 되었다. 다들 막 제대했을 때여서인지, 군복 입고 형광봉 들고 전경과 맞장뜬(?) 이야기를 무용담처럼 입에 올리기도 했다. 술이 한잔 들어가면 "대한민국은 민주공화국이다. 대한민국의 모든 권력은 국민으로부터 나온다"는 당시의 히트곡을 흥얼거리곤 했다.

그러다 몇 개월 뒤, 꽤나 무거운 사회적 이슈가 등장한다. 인터넷 논객 미네르바가 내놓은 경제예측이 정보통신법 위반이라며 검찰이 그를 구속 수감한 사건과 용산 철거민들의 시위 진압 과정에서 벌어진 대형참사는 사회적으로 큰 논쟁을 불러일으켰다. 촛불시위 때 나름 '사회적 행동'을 적극적으로 주장했던 이들이 이 사안들에 대해선 어떤 생각을 갖고 있을까? 이후 이런저런 기회를 통해 이들의 생각을 들었던 나는 충격을 받았다. 적어도 내 기준으로는 '이들이 그들인가?' 싶었다.

우선 내가 미네르바 사건을 '표현의 자유'의 측면에서 바라보는 것을 독수리 5형제는 의아해했다. 독수리 형제 3호의 다음 말은 나머지의 의견이기도 했다.

2장 자기계발서의 눈으로 세상을 보다

"솔직히 전문대 출신 아닌가요? 그렇다면 그가 말한 것이 전문적이지 못하다는 것이 사실상 증명된 것 아닌가요? 표현의 자유가 무엇을 말하는지는 잘 모르겠지만 민주주의 사회에서 매우 중요하다는 건 분명하죠. 하지만 비전문가가 전문가 행세를 할 표현의 자유가 전적으로 주어졌다고는 생각하지 않아요. 당당했다면 왜 처음부터 본인의 학력을 밝히지 못했나요? 지금의 많은 젊은이들이 '당당해지기 위해서' 이렇게 고생하고 있는데……."

이들은 하나같이 미네르바가 전문대 출신이므로 '비전문가'라는 것을 강조했다. 사실 '표현의 자유'와 '전문대 출신'은 같은 층위에서 논의될 사안이 전혀 아니다. 아니, 전문대 출신이라면 표현의 자유가 제약이라도 된단 말인가? 그러나 중요한 건 그것이 이들의 분명한 논리였다는 점이다. 본인들도 같은 저울추에 올리지 말아야 할 두 범주를 올려놓는 게 어색했는지, 자꾸만 이 논의와 아무 상관없는 '본인의 현실'을 여기다 오버랩시켰다.

3호는 자신이 "당당해지기 위해서" 취업준비에 매진하고 있다고 말한다. 그는 토익시험을 무려 24회나 응시했고 점수도 고득점인 940점이다. 교내 취업면접 동아리를 이끌고도 있다. 이런 3호에게 이 과정은 "합당한 지위를 얻기 위해서라면 해야 될 노력"이다. 그리고 이는 곧 미네르바를 평가하는 기준이 된다. 그리하여 "본인이 경제개혁을 이끌고 싶으면 그러한 위치까지 올라가는 것이 먼저겠죠?"라는 말로 미네르바 사건은 정리된다. 다른 독수리 형제들도 마찬가지. 이들에게도 미네르바를 평가하는 중요한 기준은 본인들의 경험이었다. 그 경험이라는 것은 '취업준비에 매달려야 하는 현실'이고, 이것이 판단의 잣대로 강하게 작동했다.

용산참사를 보는 이십대의 눈에서도 같은 논리가 발견된다. 2009년 1월 용산 재개발 사업을 반대하는 철거민들을 쫓아내기 위해 경찰특공대가 투입되고, 그 와중에서 철거민이 쌓아둔 신나에 불이 붙어 철거민 5명과 경찰특공대 1명이 목숨을 잃는 사건이 벌어졌다. 그 후 경찰의 과도한 진압을 비판하는 여론이 일었다. 독수리 5형제들도 분명 철거민들이 불 타 죽은 일에 대해서는 함께 슬퍼하며 안타까워했다. 하지만 늘 최종적인 결론은 "그래도 철거민들의 요구가 과했다!"는 것이었다. 그 근거는 역시나 본인들의 '현실'이었다. "무작정 떼쓴다고 될 일인가? 내가 얼마나 지금 노력하고 있는데……"가 그날 술자리에서 족히 백여 번은 언급되었으니.

이들이 불과 몇 개월 전 광화문 광장에서 눈물 흘려가며 함께 물대포를 맞았던 바로 그들인가? 그러나 '이들이 달라졌다'는 것은 순전히 내 입장에서의 해석일 뿐이다. 촛불시위를 '억압받는 민주주의를 지키기 위한 싸움'이라고 여겼다면 미네르바 사건은 표현의 자유를 억압한 사건이고, 용산참사는 마땅히 생존권 탄압이자 과잉진압이라고 해야 앞뒤가 맞다는 점에서 말이다.

분명 이들 독수리 5형제는 촛불시위에서 '민주주의'를 그렇게도 부르짖었다. 그렇다면 그 몇 개월 사이에 이들의 성향이 급변하기

2장 자기계발서의 눈으로 세상을 보다

라도 한 걸까? 아니다. 이들이 생각하는 '민주주의'는 그때나 지금이나 동일하다. 이들은 '민주주의를 부정'하지 않는다. 다만 그것이 내가 생각하는 민주주의와 다를 뿐이었다. 나와 이들 모두 각자 '민주주의'라는 신념에 바탕을 두고 기회의 평등, 과정의 평등, 결과의 평등을 해석하고 이해했지만 '어디까지'를 평등의 영역에서 받아들여야 하는지는 분명 달랐다.

이들은 미네르바나 용산 철거민들이 '어떤 선'을 넘어선 주장을 한다고 강조했다. "스스로 만든 결과에 대해서 책임지는 자세가 필요하다!"면서 말이다. 그 책임감이라는 건 "전문대 주제에" 할 수 있는 말과 그렇지 않은 말을 구별해야 한다는 것이었으며, "본인이 그렇게 자영업자가 되었다면" 건물이 철거당할지도 모르는 위험은 어쩔 수 없이 감수하고 살아야 한다는 것이었다. 다른 말로, "평소에 좀 노력했으면" 전문대를 가지도 않았을 것이고, 굳이 그렇게 임대업장에서 장사를 하지 않아도 되었으리란 것이다. 이 얼마나 명쾌한 논리인가.

차별과 해고를 정당하다 여기는 이유

 이들 독수리 5형제의 생각을 관

촛불 세대의 '모순'

촛불시위에서 '민주주의'를 부르짖었던 이십대는 어째서 비정규직 노동자나 용산참사 희생자들에게 공감하지 않을까? 이것이 내가 연구를 시작한 이유였다. 그런 이십대들과 여러 차례 대화하면서 나는 이들이 생각하고 있는 '민주주의'나 '평등'이나 '정의' 등의 개념이 나의 개념과 상당히 다르다는 사실을 깨달았다. 그러니 그들이 보기에는 내가 오히려 말도 안 되는 주장을 하고 있는 것이었다. 대체 무엇이 이런 차이를 만들었을까?

통하고 있는 '논리'의 정체는 도대체 뭘까? 어떻게 탄생한 걸까? 결론부터 말하자면, 그 논리는 자기계발을 해야만 하는 시대의 산물이요 그 시대정신의 반영이다. 이제 몇 가지 사례를 통해 그 점을 확인해보고자 한다.

2장 자기계발서의 눈으로 세상을 보다

해고자들의 자살 행렬이 지금도 끊이지 않는, 2009년 쌍용자동차 노동자들의 파업 사태를 한번 떠올려보자. 쌍용자동차는 회사 경영난을 이유(현재 이 경영난은 회계 조작에 의한 거짓이라는 의혹을 받고 있다)로 수천 명의 노동자를 정리해고하려 했고, 노동자들은 이에 맞서 공장을 점거하고 파업에 들어갔다. 노동자들이 해고가 부당하다며 나선 이 파업에 대해 이 독수리 형제들은 "결코 동의할 수 없다"는 점을 분명히 했고, 열띤 토론이 벌어졌다. 앞서 미네르바, 용산 이야기에서 보여진 이들의 태도는 쌍용자동차 이슈에서 더 노골적이었다. 그렇다고 이들이 특별히 사악한 품성을 지닌 것도, 싸가지가 없는 인간이거나 한 것도 아니다. 독수리 2호가 말한다.

"저도 비정규직으로 2년째 아르바이트 중이라니까요. 주변에 보면 다 비정규직인데요, 중요한 것은 아무리 상황이 좋지 않아도 성실하게 살아가고자 노력한다는 거죠. 물론 정규직에 비해 대우가 아쉽다는 생각은 하죠. 하지만 파업을 하면서, 폭력적으로 시위를 하면서 '다시 회사를 다니게 해달라'는 것은 있을 수 없는 일이잖아요. 목숨을 걸었다고 하는데, 제가 보기에는 솔직히 배불러 보여요. 다른 일 찾을 생각은 왜 안 해요? 돈이 급하면 해고 즉시 뭔가를 해야 하는 것 아닌가요? 저랑 같이 일하는 사람들은 다 저와 비슷한 말 해요. 나라면 얼른 공장을 떠나서 돈부터 벌 궁리를 하겠다고 말이죠."

2호는 제대 후 불안한 미래에 대한 대비책으로 어학연수를 계획

했다. 그리고 그 자금을 마련하기 위해 복학하지 않고 대형마트 지하주차장에서 안내원을 하는 등 여러 '알바'를 하는 중이다. 그럼에도, 아니 그래서 그는 이 사안에 "있을 수 없는 일"이라면서 매우 흥분했다. 노동자의 해고가 옳은지 그른지를 떠나 "해고자에 대한 사회적 연대가 왜 의무인가요?"라고 당당히 되묻는 그에게 '해고된 노동자의 복직'이란 문법적으로 맞지 않는 오류다. 이유는 "솔직히 인정하기 싫어요. 제가 지금 저런 상황에서 해고당하지 않기 위해서 이렇게 고생하는데, 저렇게 날로 복직을 요구하면 안 되기" 때문이다.

5형제들은 적극적으로 2호의 의견에 동의했다. 이들이 노동자의 요구를 부정하는 논리와 근거는 보수 언론의 논조에 물들어 나온 그런 종류의 시각이 아니다. '불법'이란 말을 강조하는 것도 아니고, 노조를 '강성'이라는 단어로 수식하지도 않는다. 단 하나, 취업을 위해 자신들이 공통적으로 겪는 치열한 현실에 비추어 노동자의 파업을 "있을 수 없는 일"이라고 느끼고 있었다.

이 반응을 보고, 요즘 대학생들 참 이상하다고 여길는지도 모르겠다. 한입으로는 민주주의와 인권의 소중함을 말하면서 동시에 같은 입으로 철거민들의 "요구가 과했다"거나 노동자들의 파업에 "있을 수 없는 일"이라고 하니 말이다. 하지만 어떤 기준으로 이들이 '변심'했다고 말할 수 있을까? 이들은 지금 자신이 처한 조건에 기초해 상황을 해석·판단하는 것이다. 1호는 "저 사람들은 왜 노력 없이 요구만 하느냐! 나는 당당해지기 위해서 취업준비에 매진하고 있다"면서, 이 사건을 '노력'이라는 범주에서 해석한다. 누구에게나 공평히 주어진 시간을 어떻게 관리했느냐는 기준에서 보자면, 저들은 뭔가 자격이 부족하단 얘기였다.

1호는 충청권의 4년제 대학에 다니는데, 스스로 말하길 "지방대이기 때문에 죽도록 노력한다"고 했다. 취업준비 틈틈이 등록금도 마련해야 하는 1호는 신문배달을 한 지가 3년이다. 매일 새벽, 아파트 계단 120층 가량을 오르내리다보니 허벅지가 축구선수 못지않아졌다. 낮에는 영어학원, 취업스터디 그리고 각종 공모전 준비 및 대외활동이 끊임없이 이어졌다. 그의 이야기를 들으면 정말 '안 해본 것이 없다'는 표현이 딱 맞아 보인다. 특히 기업의 마케팅 관련 홍보 체험 행사는 꼬박꼬박 챙기는데, 그의 대외활동은 반경도 넓고 시간도 많이 소모되는 것이었다. 다 그만한 스펙쌓기도 흔치 않다는 판단에서 하는 일이다. 그에게 이러한 과정은 역시나 "합당한 지위를 얻기 위한 당연한 노력"이다. 그리고 이 경험은 겨냥점이 바뀌면 상대를 평가할 절대적 기준이 되고, 그래서 저 노동자들은 지금 '부당한 요구'를 하고 있는 게 된다.

나는 이후에도 유사한 사건이 벌어질 때마다 이들의 반응을 확인해보았다. 5형제들의 입장은 늘 일관성이 있었다. 2010년 5월, 한 시간강사가 자살하는 사건이 발생한다. 그 시간강사는 교수들의 논문을 대필해야만 했던 상황과 교수임용 조건으로 학교에서 발전기금을 요구한 사실을 폭로했다. 5형제들 역시 이런 현실 자체에 대해서는 개탄했다. 하지만 강사 처우 개선과 관련한 사회적 논란에 대해서 3호는 조심스레 이렇게 말했다. 물론 이 의견에 다른 이들은 침묵으로 동의를 표했다.

"일단 선생님께서도 비슷한 환경에서 열심히 사시잖아요. 솔직히 안 힘든 사람 아무도 없잖아요. 그리고 누가 속인 것도 아니잖아요. 그러니까 시간강사가 교수님과 똑같은 대우 못 받는 거 누구나 알잖아요. 그리고 교수님들 누구나 이런 과정 다 겪은 것도 엄연한 사실이잖아요. 이런 힘든 과정을 거쳐서 어떤 목표가 완성되는 거잖아요. 그런데 힘드니까 강사도 연구실 있어야 된다, 강사료를 교수수준에 맞추어야 한다는 것은 힘들게 교수님 되신 분들에게는 또차별이라는 그런 생각도 들기도 해요."

미네르바, 용산참사 그리고 쌍용자동차에 관한 이십대들의 반응과 지금 이 이야기의 골간은 사실상 거의 같다. 여기서도 앞서 KTX 여승무원의 정규직 전환 요구를 '정정당당하지 못한 도둑놈 심보'라고 부른 여타 이십대들의 논리가 그대로 반복되는 셈이다. 입사할 때 비정규직인 줄 알았으면서 나중에 가서 더 많은 노력이 필요한 정규직 지위를 요구하는 건 있을 수 없다고 했던 바로 그 논리다.

시간강사에 대한 3호의 입장도 이와 마찬가지다. 시간강사가 '이런 대우' 받는다는 건 알았을 것이고, 교수라는 지위는 '이런 대우'를 받는 시간을 지나왔기에 얻을 수 있었다는 점을 생각하면 강사

2장 자기계발서의 눈으로 세상을 보다

들의 몇몇 요구는 일정한 선을 넘은 것이란 주장이다. 즉, '힘들다는 것' 자체가 어떤 요구로 이어져서는 안 됨을 분명히 했다. 그건 본인이 선택한 '결과'이고, 그 결과의 '무게'는 스스로가 짊어져야 할 몫이라는 것이다.

또다른 경우도 한번 보자. 2008년 8월, 성신여대 환경미화원의 부당해고 사실이 알려지면서 사회적 주목을 받았던 사건. 비단 성신여대뿐 아니라 여러 대학에서 최근까지 벌어지고 있는 대표적인 비정규직 노동자 문제다.

환경미화원에 대한 대학생들의 반응을 보자면, 지금껏 살펴봐온 경우와 상반되는 점이 우선 눈에 띈다. 일단 대학생들의 교내 환경미화원에 대한 인식은 우호적이다. 성신여대 환경미화원 복직투쟁에 대한 학생 지지 서명 6500명(재학생 총원 9000명), 덕성여대는 3500명 서명(재학생 총원 7000명), 2009년 고려대에서는 3일 만에 1만 명이 서명하는 일도 있었다.[10]

이를 계기로, 자신밖에 모른다고 여겼던 이십대들이 '알고 보니' 사회적 약자에 대한 연대의식을 충분히 가지고 있었다는 식의 여러 긍정적 담론도 등장했다. 2011년 초에는 공중파 시사프로에 등장할 정도로 이슈가 된 홍익대의 청소노동자 문제가 잘 해결되자 이화여대·고려대·연세대 등에서 차례로 학생회와 청소노동자들이 연대 투쟁을 벌여 여러 성과를 낳기도 했다.[11]

하지만 이런 분위기의 한편에 이와는 사뭇 다른 분위기 또한 엄연히 자리잡고 있다는 점을 간과할 수는 없다. 위의 수치는 지금의 대학생들이 청소노동자들에게 강한 연대의식을 가지고 있다는 걸 말해주고 있으나, 이건 어쩌면 매우 감성적인 해석일 수 있다. 왜냐하면 대학생들이 어머니뻘 되는 '환경미화원 할머니'와 관련된 문제에 본인들의 솔직한 생각을 날것 그대로 드러내기 어려웠을 수 있기 때문이다. 그래서 "우리 할머니들을 도와줍시다!"라는 서명 자체를 굳이 거부하지는 않는다. "먹고살기 위해서 악다구니 쓰는 아줌마 이미지가 커서"[12] 동정 여론에 동참하며 호의적으로 반응한 것이다. 중요한 것은 이들의 서명이 '찬성'이라 할지라도 그 찬성의 범위 아니겠는가. 나는 독수리 5형제와의 이야기를 통해 얼핏 그 속내를 들여다볼 수 있었다.

이들은 연민에 기초한 지지의견을 기본적으로 갖고 있었지만, 이와 별개로 부당해고와 정리해고를 분명히 구별하여 반응했다. 즉 '갑작스런 해고 통보' 등과 같은 절차상의 하자는 분명 문제지만 '정리해고 자체'를 부정하지는 않았다. 오히려 긍정하는 기색이 다분했다. 그 이유는 앞서 살펴본 KTX 여승무원, 쌍용자동차, 시간강사의 경우와 동일했다. 5호가 말한다.

"교직원도 비정규직이 엄청 많은 줄 아는데, 그리고 강사도 다 비정규직이잖아요. 요즘에는 그런 비정규직 교직원이라도 되는 것이 만만치 않잖아요. 그래서인지, 저는 이런 느낌이었어요. 할머니들의 요구가 굉장히 세다? 이런 느낌요. 잘은 모르겠지만 그래도 공

2장 자기계발서의 눈으로 세상을 보다

부도 더 많이 한 분들도 아직 어려운데 좀 지나친 요구……? 이런 느낌요."

"공부도 더 많이 한 분들도 아직 어려운데"라는 이유가 또 등장했다. 5호는 교직원(혹은 강사)과 환경미화원의 지위 차이를 분명한 판단 근거로 삼았다. 이는 '공부도 더 많이'라고 표현되었듯이 노력이 더 많은 쪽이, 즉 남들보다 시간관리를 더 잘 해온 사람이 사회적 우대를 받아야 한다는 입장이다. 결국 동일하게 주어진 시간을 더 가치 있게 효율적으로 잘 사용한 능력이 검증되었기 때문에, 이에 대한 직급의 차별은 정당하다는 것이다. 그리고 이렇게 차별의 근거가 정당하므로, 해고당하거나 비정규직이 될 위험을 감수해야 하는 차별도 정당한 것이다. 이걸 뛰어넘는 요구가 나오면 이십대들은 의아해한다. 게다가 자기들 생각에는 당연히 정규직이 되어야 할 사람들도 비정규직으로 살아가고 있는 판인데, 어떻게 '감히 부족한 사람'이 이런 요구를 할 수 있는지 개탄하는 것이다.

이쯤이면 "날로 정규직 되려고 하면 안 되잖아요!"라고 했던, 그 강의실의 K는 오늘날 이십대의 보편적인 생각을 대변하고 있는 셈이다. 내가 만난 많은 이십대 대학생들은 노동자들이 파업하는 모습에는 "불쌍하다"는 느낌을 받지만, 노동자들이 파업을 통해 주장하는 내용에는 대체로 반대 입장에 섰다. 이유는 노동자들이 겪는 고난의 일차적인 원인이 개인의 '노력 부족'에 있다고 보기 때문이다. 좀 더 노력했으면 그런 꼴 안 당했을 것인데, 왜 뒤늦게 이러쿵

저러쿵 요구를 하냐는 것이다.

이처럼 이십대들이 노동자를 바라보는 시선에는 결코 양보할 수 없는 마지노선이 있다. 이는 어쩌면 그만큼 이십대의 취업 현실과 이로 인한 심리적 불안감이 상상을 초월한다는 뜻이다. 노동자들의 요구를 "인생을 날로 먹으려는 게으름뱅이나 루저들이라"[13]고 간주하며, 취업을 위해 스스로를 희생해가는 자기통제형 자기계발에 매진하는 이십대들의 박탈감과 불안감 말이다. 이 암울한 불안감이야말로 지금의 이십대를 설명할 수 있는 핵심 키워드요, 이것이 일종의 시대정신을 만들어내고 있는 것이다.

이를 증거해주는 일은 얼마 전에도 있었다. 2012년 3월 고려대 학생대표자회의에서 시간강사와 청소노동자 노조의 투쟁에 대한 지지를 철회하는 안건이 학생대표 57명 중 31명의 찬성으로 통과되는 일이 벌어졌던 것이다.[14] 이 결정은 이후 SNS에서 주도된 비난여론에 밀려 번복되었지만, 학생대표자회의라는 기구에서 이러한 안건이 나오고 별 문제없이 가결되었다는 것만으로도 대학 내에 어떤 분위기가 존재하는지, 그리고 그 분위기가 무엇에 근거하고 있는지를 짐작해볼 수 있다. 하지만 '자기계발'의 관점으로 세상을 보는 이들로서는 그게 너무도 합당한 주장일 뿐이다. 물론 더 들어가보면, 자신들이 이고 있는 짐의 무게에 짓눌린 채 한 치 앞도 내다볼 수 없는 현실에서 자기방어를 그렇게 하고 있을 뿐이지만. 오로지 살아남기 위해서 말이다.

고대생들 '그들만을 위한 투쟁'

고려대 학생대표들이 올 한해 학교와 재단을 상대로 요구할 '교육투쟁'에 '시간강사와 청소노동자의 투쟁을 지지한다'는 항목을 표결 끝에 삭제했다. 이를 두고 구성원의 처지에 눈길은 제 학생들의 이해관계만 지나치게 고려했다는 비판의 목소리가 높아지고 있다.

고려대 학생들의 최고의결기구인 전(前) 총학생회가 공개한 전학대회 속기록을 보면, 생명과학대학 학생회장은 '시간강사의 투쟁을 지지하는 것이 학생들의 교육권과 밀접한 연관이 없다. 계약기간이 늘어나면 (강사가) 나태해서 강의의 질이 떨어질 수밖에 없다고 생각한다'고 발했다. 다른 일부 대의원들도 '강의료가 올라가면 학생들의 부담도 높아진다', '미국에서도 방학 중에는 강의료를 받지 않는다'는 등의 이유를 들며 시간강사 노조에 대한 지지 문구를 교육투쟁 요구안에 넣는 것에 반대했다.

결국 공과대학 학생회장이 관련 내용을 교육부장 요구안에서 제외하자는 수정 제안을 했고, 표결 끝에 회의에 참석한 57명 가운데 31명이 이안에 찬성해 시간강사 노조와 청소노동자 노조의 투쟁에 대한 지지 항목이 요구안에서 빠졌다. 찬성표를 던진 한 단과대 학생회장은 13일 〈한겨레〉와의 통화에서 '시간강사들의 투쟁에 100% 동의하지 못하는 학생들도 있기 때문에 이를 교육투쟁 요구안에 포함하는 것은 부적절하다고 생각했다'고 발했다.

전학대회 결정 내용이 알려지자 곳곳에서는 이를 비판하는 대자보 수십 개가 나붙었다. 자신을 '진보'라고 밝힌 한 학생은 대자보에서 '학내 비정규직의 임금이 올라가면 등록금도 올라갈 것이라는 논리가 바로 이 사회에서 힘없는 사람들이 싸우게 하는 논리'라며 '청소노동자·시간강사·학생들의 권리가 연결돼 있다는 것을 밝히지 못한다면 학생들의 교육권이 침해된다는 진짜 원인에 대해 문제제기를 하지 못할 것'이라고 주장했다. 청소노동자·비정규직 교사 노동자도 '(학생과 비정규직)의 권리가 상충한다고 주장하는 학생을이 발하는 교육권은 수업이라는 제품을 싸게 살 수 있게 해당하는 권리를 발하는 것이라며 '교육권의 가격을 흥정할 권리가 아니라 사람을 향하는 권리가 돼야 바란다'고 발했다.

조명아(23·철학과4) 문과대학 학생회장은 '시간강사 노조의 요구사항 가운데 강의료 확충을 통한 수강인원 축소 등은 학생들의 교육권과 밀접한 관련이 있다. 시간강사들의 투쟁은 대학생들의 직면하고 있는 비정규직, 청년실업 문제와도 맞닿아 있다'며 '교육투쟁 요구안에서 이들과 연대한다는 내용이 빠져 매우 유감스럽다'고 발했다.

박태우 기자 ehot@hani.co.kr

대학생들의 달라진 시선
고려대 학생대표들은 시간강사의 '강의의 질'이 떨어지고, 학내 비정규직의 임금이 올라가면 등록금도 올라갈 것이라는 논리로 시간강사와 청소노동자 노조와 연대하는 것을 반대했다. 이는 과거의 진보적인 '대학생'을 생각하면 충격적인 일이지만, '자기계발'의 관점으로 세상을 보는 이들에게는 그게 너무도 합당한 주장일 뿐이다.(『한겨레』, 2013. 3. 13.)

시간관리, 자기 통제,
그리고 칼날

 독수리 5형제의 예에서도 확인할 수 있었듯이, 지금 이십대 대학생들에게서 보이는 두드러진 특징은 '시간에 대한 집착'이다. 물론 이게 이십대만의 모습은 아니다. 자기계발에 목매는 현대인들 모두 시간에 대한 책임의식을 강박적으로 갖고 있다. 심지어 '휴식'조차도 이 강박으로부터 벗어나지 못한다. 인터넷 검색창에 '1박3일 도깨비 여행'이라고 입력해보면, 업무를 마치는 금요일 저녁에 출발하고 월요일 아침 공항에 도착하여 바로 직장으로 출근하는 여행상품에 대한 소개가 여행사별로 엄청나다. 이제 '괴물처럼' 일하고 '도깨비처럼' 놀아야 한다.[15]

자기계발에서 시간관리는 가장 중요한 요소다. 특히 개인의 경험을 바탕으로 이십대에게 자기계발을 독려하는 책들은 하나같이 저자 스스로가 얼마나 엄격한 시간관리를 해왔는지를 강조한다. 지방대 학력에도 불구하고 주변 탓하지 않고 정말로 최선을 다했기에 광고계에서 나름 성공했고, 그래서 대한민국 인재상도 수상할 수 있었다고 말하는 『날개가 없다. 그래서 뛰는 거다』의 공동저자도 그렇다.(참고로 이 책은 '환경 탓하지 말라!'는 기존의 자기계발서들을 비판하면서 결국 '환경 탓하지 말라!'는 결론을 내는 매우 독특한 책이다.) 그는 "시간은 신이 주신 거라고 하지만, 결국 인간이 계획하는 것이다. 계획 없는 목표는 계획서 없는 계약처럼 언제고 취소될 가능성을 안고 가는 것과 같다"(213쪽)면서, 시간관리가 바로 자기계발의 시작이고 그것이 엄청난 성과를 만들어줄 수 있음을 강조한다. 계약직으로 입사한 후 그가 정규직이 되기 위해 했다는 노력을 들어보자.

나는 내 능력을 검증해야 하는 만큼 '나는 할 수 있다. 아니 반드시 잘 할 것이다'라는 근성으로 업무에 임했다. 우선 나는 최대한 업무와 자기계발에 집중하기 위해 회사 앞에서 살기로 했다. 그래야 매일 사람들이 출퇴근하느라 잡아먹는 2시간가량

2장 자기계발서의 눈으로 세상을 보다

을 내 역량을 쌓는 데 투자할 수 있기 때문이다. 내가 선택한 곳은 회사 앞 고시원이었다. 고시원에 살면서 교통시간을 줄이는 것은 물론, 언제든지 회사에서 업무를 볼 수 있도록 준비했다. 회사 앞에 살다 보니 가끔씩 선배들의 자잘한 부탁도 들어줄 수 있었고, 주말에 불러내도 언제든 편하게 나가서 일할 수 있었다. 그렇게 1년 정도 지내자 많은 분들이 '고생이 많다'고 말해주었지만, 나는 전혀 불편함이 없었다. 어차피 큰 집에 있어봐야 집에 가서는 잘 시간밖에 없었기 때문이다. (…) 잠은 어쩔 수 없이 하루에 5시간으로 줄어들었다. 그런 노력의 보답으로 '열심히 하려는 의지가 돋보인다'는 평을 들으며 마침내 계약직에서 정규직으로 전환되었다.[16]

한마디로 "'무식하게 뛰어다녔'(163쪽)기에 정규직이 될 수 있었고, 이는 "시간을 정복"(165쪽)했기에 가능하다는 것이다. 그러나 의문점이 하나 있다. 일반적으로 시간관리라고 하면 시간을 '아껴서' 스스로에게 '그 시간만큼'의 무엇을 제공해준다는 걸 의미한다. 하지만 이 저자는 상사에 대한 충성도를 드러냈을 뿐, 선배가 부르면 언제든지 달려가서 자잘한 부탁을 들어주기 위해 5분대기조 상태를 유지했을 뿐 자신에게 어떤 역량이 쌓여졌단 말인가? 거기에 소요된 시간의 가치는 오로지 타인의 기준에서 최종적으로 "열심히 하려는 의지가 돋보인다"라는 OK 사인이 나와야지만 의미를 가질 뿐이다. 그저 본인의 자유를 포기한 걸 시간관리라는 이름으로 포장하고 있는 것이다. 결국 "회사에서 부려먹기 좋은 사람"이 되도록 자기 시간을 버릴 줄 아는 게 이 관리기법의 핵심인 셈이다. 이 책에서 가장 충격적인 일화는 공모전 6개를 동시에 준비하기 위해 커피믹스를 몇십 개씩 씹어 먹으면서 밤을 지새웠다는 이야기다. 취업 준비를 위해 당연히 위장병이 걸려야 하는, 그리고 그것조차 이겨내야 하는 괴물이 취업하는 사회를 어떻게 '좋은 사회'라 할 수 있겠는가.

하지만 자기계발서들은 이런 상태를 위로한다. 이런 인생을 살아가는 이십대를 계속 "괜찮아! 넌 잘하고 있어!"라면서 다독인다. 그렇게 이들은 '열정이 있는 자신'을 소중히 여기게 되며, "내가 옳은 삶을 살고 있구나!"라는 자기위안을 한다. 그런 판인데, 비정규직들이 감히 '감사하지는 않고' 눈에 불을 켜고 파업을 한다? 이십대들이 그들을 어떻게 생각할지는 뻔하지 않겠는가.

상식적으로 '열정'을 평가받겠다는 건 그 자체가 퇴행적이다. 열정, 의지, 성실성…… 이런 건 지극히 주관적 영역에서 평가되는 것이기에, 본원적으로 객관의 잣대를 들이댈 성질이 아니다. 즉, 겉으로는 '시간관리'이겠지만 사실 이건 아무런 의미가 없다. 왜냐하면 자신이 시간을 어떻게 관리하든 결국 그 평가는 이를 '열정'이라 인정하고 받아줄 권한이 있는 누군가의 주관성에 기초할 것이기 때문이다.

　　　　　　　　　　　　　　　　2장 자기계발서의 눈으로 세상을 보다

사실 세상은 이러한 '타인의 주관성'에 기초하여 사람 능력을 판단하다가 점차 '문서화된 정량적 지표'에 근거를 두는 쪽으로, 즉 평가기준에서 주관성을 줄여가는 쪽으로 발달해왔다. 말하자면 과거처럼 황제가 그렇다고 하면, 동네이장이 틀렸다고 하면 이 규정이 저 규정으로 해석되고, 저 규정이 이 규정으로 둔갑하는 그런 시대에서 조금씩 탈피해왔다. 한데 시간관리를 '열정'의 이름으로 둔갑시킨다는 건, 결국 자신을 평가자에게 선택되어야만 하는 '을'의 위치에 올려놓는 일에 불과하다.

그럼에도 이 '을'들의 자리나마 쉽사리 선택되지도 않는 게 현실이다. 그러니 지푸라기라도 잡는다. 시간관리의 '결과'가 없으니 자신을 그나마 선택될 가능성이 있는 '대기상태'로 유지시키고자 한다는 거다. 이를 위해서 시간을 '나처럼' 보내지 않은 사람을 결코 '나와 같은 급'으로 인정해서는 안 된다. 다 같은 노동자라고? 큰일 날 소리다. 나보다 '덜' 노력한 사람은 그만큼 '덜' 대우받아야 한다. 이렇게 '엄격한 시간관리'만이라도 평가받길 원하는 것이다.

하지만 극도의 자기통제로 이루어지는 자기계발을 그 '고통'이 약속한 어떤 성과가 나오지 않음에도 불구하고 묵묵히 수용한다는 건 쉽지 않은 일이다. 아니나 다를까, 내가 만난 수십 명의 대학생들은 자신들의 취업준비를 '자기계발'로 해석하기는 했지만 그렇다고 이 자체를 '대단한 만족'으로 즉각 여기지는 않았다. 당연하다. 누가 '취업 때문에' (사실상) 억지로 해야 하는 그런 것들을 좋아하겠는가? 새벽같이 매일 가야 하는 토익학원도 죽을 맛이다. 정말이지 토익점수를 기업에서 평가기준으로 삼지만 않는다면 당장 때려치우고 싶은 마음이 굴뚝같다. 그렇지 않다고? 만약 '대한민국 어떤 기업에서도 토익점수를 요구할 수 없다'는 법이 만들어진다면? 그럼에도 진정 '자기'계발을 위해 토익학원을 선택할 대학생이 과연 얼마나 될까?

이처럼 대학생들은 취업이라는 목적을 위한 엄격한 자기통제식 자기계발이 공허하다는 것을 분명히 알고 있다. 하지만 이들은 자아를 구속하는 자기계발을 "힘들다"고는 하지만, 그것이 자기계발의 의미와 가치를 격하시키진 않는다고 강조한다. 왜? 그 과정의 결과를 어쨌든 '스펙'의 한 줄로 적어야 하니까. 그러니 포기할 수 없다. 이렇게 이십대의 자기계발은 끝없이 '닦고 조이고 기름칠하는' 형태이지만 매우 긍정적인 모습으로 받아들여진다. 취업준비에 찌든 독수리 5형제는 늘 술잔이 여러 번 돌면, "그래도 잘 살고 있는 거죠?"라면서 애써 이 모든 걸 긍정하곤 했다. 그 순간 이들의 눈빛에 비치던 그 간절한 진심이란⋯⋯.

그러나 이 진심은 애석하게도 타인을 평가하는 애꿎은 집착으로 변질된다. 개인이 시간을 어떻게 사용했느냐를 기준으로 모든 세상사를 보게 만드는 것이다. 자기계발을 수행해야만 하는 상황이 세상을 바라보는 이십대의 눈을 만들어버렸고, 그 이십대의 눈은 곧 자기계발서 자체가 되어버렸다. 문제는 이십대 스스로 그 시각에 갇혀, 결국은 다시 자기계발에 집착할 수밖에 없는 악순환에 빠진다는 것이다. 이십대가 자기계발을 하는 이유는, 자신들이 인정하지 않던 바로 '그 사람들'이 되기 싫어서다. 이것이 자신을 자기통제적인 자기계발로 몰아붙이게 하고, 덩달아 '시간관리'에 대한 신념은 더욱 강화되며, 이 신념은 타인을 평가하는 고정관념이 되어버린다. 이제 이십대는 살아갈수록 세상을 바라보는 관점이 더 극단적으로 좁아질 수밖에 없는 운명이다. 확언컨대, 이는 이십대 본인들에게 더 큰 부메랑이 되어 일상의 순간순간을 지배하는 '칼날'로 돌아올 것이다. 아니, 이미 돌아와 있다.

3장

괴물이 된 이십대의 자화상

연세대는 서강대를, 서강대는 성균관대를, 성균관대는

중앙대를, 중앙대는 세종대를, 세종대는 서경대를, 서경

대는 안양대를, 안양대는 성결대를 '무시' 한다. 행여나

후자가 전자를 '비슷한 대학'으로 엮기라도 할라치면

그 순간 전자들은 "무슨 말도 안 되는 소리를 하냐"고

난리가 난다. 그렇게 4년제는 다시 2년제를, 2년제는

또 같은 기준에 근거해서 자기들 내부를 쪼개고 줄세운

다. 모두가 이렇게 같은 논리를 가지고 가해자 역할을

하며, 또 그래서 당연히 피해자 신분이 되는 상황에도

매우 능동적으로 기여하는 셈이다.

'멋진 신세계'가
이룩한 재앙

몇 해 전에 〈82년생 지훈이〉라
는 단막 드라마가 방영된 적이 있다. '인(in)서울' 대학의 경제학과
를 갓 졸업하고 한 자산관리회사의 비정규직 인턴이 된 주인공 지
훈이는 "열심히만 하면 정규직 시켜주겠다"는 사장의 말을 믿고 죽
어라 노력하며 악착같이 살아간다. 그렇게 하루하루를 열정적으로
꾸려가건만, 지훈이는 여자 친구로부터 "비정규직인 모습을 친구
들에게 보이기 창피하다"며 일방적인 이별 통보를 받는다. 게다가
결혼자금 마련을 위해 재테크 좀 해보겠다고 아버지에게 손을 벌렸
다가 "더 이상 네 목구멍에 밥 못 넣어주겠다. 우리 때는 북극곰한
테 에어컨 팔려면 팔았고 아프리카 가서 전기장판 팔려면 팔았어!
무식하게 앉아서 파기만 하면 될 것을, 맨날 엄살이냐!"면서 따귀를
맞기도 한다. 이래서 지훈이는 세상이 밉다. 분명히 이건 내 탓이
아닌데, 모두가 내 탓으로 보고 있으니 얼마나 화가 나겠는가. 그래
서 지훈이는 자수성가하여 500억 원의 자산을 모은 자신의 고객을
붙들고 오열한다.

"회장님도 젊었을 때 이랬어요? 죽어라 뛰는데 계속 그 자리였어
요? 얼마나 더 아프고 얼마나 더 잃어버려야 저도 어른이 될 수 있
어요?"

3장 괴물이 된 이십대의 자화상

이 대사를 듣는 이라면 누구든 요즈음의 청년들이 자연스레 오버랩될 것이다. 아무렴, 그는 울 만하다. 아무리 청춘이 힘든 것이라지만 그것이 고통을 하염없이 참아야 한다는 건 아니지 않는가. 그런데 이 드라마 역시 그런 익숙한 수순으로 마무리된다. 지훈이는 울음을 스스로 삼킨다. "이렇게 부대끼면, 인생은 안 바뀌어도 하루는 바뀌지 않는가"라는 마법의 주문을 외우며, 자신의 지금 모습을 긍정하는 게 옳다고 생각한다. 그러니까 계속 아프고 잃어버리는 인생을 스스로 받아들이는 것이다. 세상이 자신에게 원하는 모습 그대로 말이다.

이게 단지 드라마 속 이야기만 아니라는 건 이미 충분히 이야기했다. 이렇게 자기계발 시대의 '멋진 신세계'를 이십대들이 수동적으로 내면화한 모습은 슬프고 안타까운 일이지만 위험해 보이지는 않는다. 그러나 그 내면화된 논리가 능동적으로 밖으로 표출될 때는 그렇지가 않다. 때로 자해적으로 보이기까지 한다. 비정규직의 정규직 전환 같은 문제는 차라리 이들에게 당장의 현실에서는 다소 먼 사안일 수 있어 그 정도가 덜해 보인다. 하지만 그야말로 자신들의 하루하루 일상생활에서 적극적으로 관철해내는 자기계발 논리는 살벌하기까지 하다.

이제부터 그 이야기를 해보려 한다. 자기계발 논리에 눈도 머리도 장악된 이십대들, 특히 대학생들의 실제 일상에서 그것이 자신이 아니라 타인을 겨눈 잣대가 되었을 때 어떤 일들이 벌어지는지를 말이다. 무엇보다도 이십대 대학생들에게 가장 익숙하면서도 예민한 문제인 '학력위계주의'를 테마로 하여 들여다볼 것이다.

그러기 위해 먼저 살펴봐야 할 것이 하나 있다. 자기계발의 시대가 만들어내고 있는 이십대의 고유한 특징 몇 가지다. 우리는 이 특징들을 이십대가 지닌 특정한 신념과 일상의 모습들에서 고스란히 찾아볼 수 있다.

첫째: 타인의 고통에 무감각해지기

자기계발의 논리로 무장하게 될 때, 개인은 어떤 성향을 보여주게 될까? 먼저 혹독한 현실에 괴로워하는 사람들은 속출하고 있지만, 그런 타인의 고통에 공감하는 능력이 떨어진다는 점을 눈여겨볼 필요가 있다.

시중에 출간된 자기계발서들을 얼핏 넘겨만 보더라도, 이 책들이 자신의 고통은 스스로 이겨내야 하는 것임을 강요하고 있단 걸 알수 있다. 그렇다면 내 고통이 세상 누구나 겪는 성장통 정도로 간주되는 판에, 남의 고통에 관심을 가질 여유가 생길까? 이렇게 자신의 고통도 늘 스스로 참아야 하는 것으로 강요되는데, 남의 고통까지 왜 신경을 써줘야 한단 말인가? '이런 철학'을 개인이 가지게 되면 그는 특정한 시각을 갖게 된다. 힘들어 죽겠다며 하소연하는 사람들에게 "어쨌든 자기문제지, 그것도 못 받아들여? 너보다 더 힘든 사람도 많아!"라고 반응하게 된다. "정말 힘들겠구나" 하는 공감대

형성은 당연히 어려워진다.

이런 분위기는 강의실에서도 흔히 접할 수 있다. 사회학 강의를 하다 보면, 사회구조의 문제로 인해 개인이 짊어지고 있는 고통이 과거와 달라졌음을 언급하는 경우가 많다. 그런데 해가 갈수록 이에 대한 이십대들의 반응이 미지근해지고 있음을 쉽게 확인할 수 있다. 고시원이란 거주지를 언급하며 '주거공간의 취약성'을 논하면 "처음부터 고시원에 안 살았으면 되잖아요"라고 답하고, 월세로 전전하는 세입자들의 고충을 이야기하면 "그럼, 전세로 살면 되잖아요"라고 말하는 식이다. 새벽에 신문배달을 하면서 학교를 다니니까 피곤해서 학업에 집중하기 어려웠던 누군가의 경험은 "교내 아르바이트를 하면 되지 않았느냐!"는 식으로, 오히려 무안을 당하고 만다. 개인이 사회적 원인으로 고통 받는 상황이 늘고 있다는 게 현재 이십대가 처한 상황의 한 특징이라면, 이를 사회적 원인에서 비롯된 문제로 이해하지 않는 것 역시 지금 이십대가 지닌 특징의 하나로 보인다.

물론 이십대 전체가 다 이런 반응을 보인다는 것은 아니지만, 이전에는 쉽게 볼 수 없던 모습임에는 틀림없다. 그래서인지 지금의 이십대들은 가난한 이들과의 연대나 사회문제에 대한 관심을 모름지기 대학생이라면 주목해야 할 중요한 문제로 설정하는 데도 익숙지 않다. 물론, 대학생들이 이런 문제에 관심을 가지는 게 절대선(絶對善)이란 건 아니다. 다만 과거와 비교해볼 때, 달라진 것은 분명하다는 얘기다.(이 책은 그 변화의 원인에 '자기계발' 논리가 자리하고 있음을 말하고자 한다.) 나는 2009년도와 2012년도에 걸쳐 '대학생들의 가치관'을 조사하면서 이를 확인한 바 있는데, 그런 연대의식이 중요하다고 답한 대학생들은 절반에도 미치지 못했다. '외국어능력'이 중요하다고 응답한 대학생은 90%가 넘지만 말이다.[17]

타인의 고통에 대해서 공감할 이유를 찾지 못하는 것은, 어쨌든 모든 건 자기 할 탓이라는 자기계발 논리에 길들여진 결과이다. 자기계발서는 측정할 수 없는 것을 측정하고자 했다. 고통이란, 한 개인이 특정한 현상에 반응하는 지극히 주관적인 감정 상태라 할 수 있다. 그런데 자기계발서는 고통을 객관적으로 비교 가능한 것으로 해석한다. 즉, A가 아파할 때 그보다 더 심한 고통을 이겨낸 B가 있다면 A의 고통은 참아야 되고, 이겨내야 하고, 사회적 요인과 무관한 것이 되어버린다. 이를테면, 심성 여린 A가 아르바이트 현장에서 경험한 점장의 횡포에 대한 서러움은, 늘 강한 심성을 가진 덕분에 그보다 더한 것도 참아내는 B가 있기에 별 문제가 되지 않는다. 주먹 한 대 맞은 고통은 두 대 맞은 고통보다 그저 '낮은' 순위로 이해될 뿐이다.

자기계발서의 저자들은 타인의 상황을 늘 자기 기준으로 평가하곤 한다. 그 근거로서 저자 자신, 혹은 유명 인사가 주인공으로 설정된다. 당연히 이 주인공이 겪는 고통의 총량은 무지막지하다. 고생도 그런 고생이 없다. 그런데 성공한다. 청소부를 했던 사람이 대통

3장 괴물이 된 이십대의 자화상

령도 되었고(이명박), 빈농의 자식이 세계적인 기업가가 되었고(정주영), 비닐하우스 집에 살면서도 올림픽 금메달을 땄다는(양학선) 식이다. 자기계발서의 저자는 그런 스토리 안에서 아파하는 이십대를 질타한다. 그 정도 수준은 많은 사람들이 겪는 웬만한 고통이니까 스스로 이겨낼 수 있는 거라면서. 그렇게 어려운 상황을 이겨내고 꿈을 이룬 주인공들을 접할 때마다, 이십대들은 십중팔구 '지금 내가 힘든 건 힘든 축에도 못 끼는구나' 하는 자기반성을 하게 된다. 취업준비 어렵다는 하소연은 한순간에 '입 닥쳐야 할 징징거림'이 된다. 이는 자연스레 타인의 고통에 대한 공감능력을 저하시킨다. 그렇게 고통의 비교 법칙이 이십대를 통제한다.

이렇게 이십대들에게 개인의 고통은 그보다 더한 고통을 이겨낸 누군가를 본받으면서 마땅히 참아야 할 것이 되어버렸다. 흥미로운 건, 앞선 장에 등장한 이십대들은 한편으론 취업을 못 하고 있는 자신들의 고통을 알아달라고 호소하면서 또 한편으론 비정규직 노동자의 정규직 전환 요구에 반대한다는 점이다. 이런 이율배반적이 또 어딨는가.

그러나 여기서 두 가지 지점을 이해할 필요가 있다. 먼저, 이들의 호소는 자신들의 고통에 '아무도' 반응해주지 않기에 나타난 절규나 다름없다. 아무도 이십대들의 고통을 이해해주지 않기 때문에, 이들도 아무의 고통도 이해할 수 없게 돼버린 셈이다. 자신을 아무도 역지사지해주지 않는데, 자신이 어찌 역지사지의 입장을 가질 이유가 있겠는가. 또한 이들은 고통의 비교 법칙을 그대로 적용했을 뿐이다. 취업대란이란 말이 상징하듯, 이십대들이 마주하게 되는 고통 자체가 객관적으로 엄청 늘어나 있다. 신입생 때부터 해야 될 일은 상상을 초월하며, 게다가 그 보상마저 확실하지 않으니 심신의 고통이 이만저만이 아니다. 그런 이들이 비정규직의 목소리에 공감할 여유가 있을까? 이리저리 계산기를 두들겨 보아도 '나만큼' 힘들진 않은 것 같다고 느낀단 말이다.

둘째: 편견의 확대재생산

고통에 대한 공감력이 떨어지면 필연적으로 특정 대상에 대한 기존의 편견이 더 강화된다. 기실 '공감'이란 단지 함께 느낀다는 점에서 중요한 게 아니라, 이를 시작으로 한 개인이 기존에 가지고 있던 고정관념의 오류를 발견할 수 있게 되기 때문에 사회적으로 권장된다. 그래서 타인의 상황을 깊고 넓게 이해할수록 당연히 타인을 섣불리 이렇다 저렇다 재단할 수 없는 이유를 발견하게 될 가능성이 높아진다. 바로 이렇게 되는 걸 일컬어 '공감대가 넓다'고 하지 않는가.

사회학자 혹은 사회학 전공자들이 상대적으로 양극화 문제에 예민한 이유 역시 이와 무관하지 않다. 학문의 특성상, 계층불평등에 관한 논의에는 늘 생생한 사례들이 동반되고 때로 현장에서 직접 관찰과 인터뷰를 하기도 한다. 그런 과정을 통해 지금껏 이해한 '불평등'의 개념, 예컨대 자본주의 사회에서 '개인의 노력 차이'에 따른 어쩔 수 없는 결과란 개념을 새롭게 할 계기를 얻는다. 이 경우, 공감이란 "가난한 사람은 왜 맨날 저렇게만 살지?"라는 편견을 깨기 위함이라 할 수 있다. 많은 사람들이 가난한 사람들의 생활습관을 문제 삼아 '저렇게 사니, 저 모양이지'라는 식으로 이해하는 경향이 있다. 하지만 저렇게 사는 건 가난이 제공한 결과이지, 한 개인의 가난을 만들어낸 원인이 결코 아니다. 좋은 데 못 살고, 좋은 음식 못 먹으며 힘들게 살다 보니, 사람이 구질구질해지는 거지 그 반대가 아니다.

물론 이렇게 이해하는 것이 '그런 상황'에 대한 공감 없이는 쉽지 않다. 그래서 공감이라는 것은 타인의 상황을 사회적 조건과의 관계 속에서 객관적으로 이해하게끔 하는 결정적인 요소라 할 수 있다. 직접 생생한 현실의 풍경을 보고 목소리를 들으면, 특수한 사례를 일반화하는 식의 잘못된 생각을 깰 수 있고 궁극적으로 더 발전된 사고를 할 수 있게 된다. 당연히 그 과정을 통해 개인은 유연해지게 마련이다.

하지만 이런 경험이 부족할 경우, 기존의 고정관념이 이런저런 검증도 없이 신념으로 굳어지는 것을 막을 수가 없다. 어떤 대상을 제대로 모를 때 우리는 사회적으로 널리 퍼진 고정관념에 의존한 판단을 하기 십상인 탓이다. 예를 들어, '장애인의 성욕' 문제를 보자. 장애인도 성욕이 있는 것이 당연하건만(여기에 무슨 이견이 있을 수 있단 말인가!), 막상 장애인이 성욕을 드러내면 다수의 사람들이 꺼림칙스럽게 여기고 쉬쉬한다. 평소 장애인과 함께 살아가는 경험이 제한되어 있는 한국 사회에서는 사람들이 이렇게 무심결에 장애인의 성욕을 인정하지 않곤 한다.(예전에, 한 장애여성이 누드사진을 찍은 적이 있었다. 그때의 반응이 딱 그러했다!) 공감력이 부족할 때 커지는 편견이란 바로 이런 것이다.

아무리 아름다운 문구로 치장된, 그래서 읽기에 한없이 편안하게 쓰였다 할지라도 그것이 자기계발서라면 어떤 책이든 패자에 대한 편견을 강화하는 내용이 넘쳐난다. 그 사람이 취업하지 못한 건 이 때문이다, 그런 태도로 어떻게 승진할 생각을 하느냐, 저렇게 사니 살을 못빼지… 하는 식으로 실패의 원인을 구구절절하게, 하지만 근시안적으로만 제시한다. 그만큼 패자에 대한 편견들은 더욱 강화될 수밖에 없다. 앞으로 확인하게 될 이십대들의 '일상'은 바로 이런 편견이 내재화된 결과들이다. 이는 가난한 것도, 우울한 것도 다 자기 잘못인데 왜 그걸 사회가 관심 가져야 하냐는 식의 반문과도 직결된다.

셋째: 주어진 기존의 길만 맹목적으로 따라가기

패자에 대한 편견의 이면에 자리하고 있는 건 실패에 대한 두려움이다. 그 두려움이 클수록 비교적 안전한 '기존의 길'에 대한 선호 역시 커진다. 더 나아가선 그 길만이 가장 안전하다고 믿고, 다른

　　　　　　　　　　　　3장 괴물이 된 이십대의 자화상

길은 거들떠보지도 않게 된다. 그리하여 '몇 가지' 길만이 당연한 길이 되고, 그 외의 길을 걷는다는 건 다 쓸데없는 짓이 되고 만다. 이런 생각이 '그 외의 길'에 대한 부정적 편견을 만들어내는 건 시간문제다. 다름에 대한 거부감이 날카로워지기 시작하는 것이다.

이는 이십대가 보여주는 모습이면서, 그들이 받는 압박감이 더 커지는 이유이기도 하다. 이십대는 누구도 자신들에게 공감해주지 않는 걸, 그리고 다른 이들이 자신의 모습을 온갖 편견으로 재단한다는 걸 잘 알고 있다. 현재의 자기 모습, 이를테면 수능성적이나 학교 이름만 가지고 자신을 손쉽게 판단해버리는 편견이 난무한다는 것을 잘 알기에, 이들은 앞으로의 모습, 이를테면 '번듯한 취업' 같은 사회적 성공 여부에 오로지 목을 맨다. 개인의 고통은 어디에다 하소연하는 것이 아니라, 스스로 극복해야 하는 걸로 생각하는 게 속 편하다. 취업이 되지 않았다는 사실, 혹은 정규직이 되지 못했다는 사실 그 자체보다 자신의 삶이 실패한 것으로 규정되고 온갖 낙인이 박히는 것이 더 두려운 일이다.

타인에 대한 공감이 부족하고, 자기 편견을 강화해온 이십대들은 주어진 길만을 가는 데 익숙해진다. 문제는 자신이 추구하는 길만을 정도(正道)라 이해하고, 이에 대해 다르게 생각하고 행동하는 것 자체에 예민하게 반응한다는 것이다. 대학 캠퍼스를 거닐다보면 최근의 대학생들이 얼마나 무서워졌는지(?)를 쉽게 알 수 있다. 파업 노동자 연대를 표방하는 대자보를 찢거나, 낙서를 하는 등의 일이 심심찮게 일어난다. 누군가는 그런 대자보를 용납할 수 없는, 어떤 선을 넘은 부당한 것으로 인식하고 있는 것이다. 심지어 '약간의 정치성'을 내보이는 방송인 김제동의 교내강연을 두고 "혹시, 기업에서 우리 학교를 나쁘게 볼 수 있지 않겠는가?"라는 이유로 불허해야 한다는 주장까지 한다. 이처럼, 애초부터 '그렇게 생각하는 것'이 당연한 것이라 여겨지면 그 기준에서 벗어난 경우에 대해서는 공감하지 못한다. 취업이 지상최대의 과제가 된 이십대 대학생들에게 그 과정에 조금이라도 균열을 일으키는 지점은 결코 용납할 수 없는 '중요한 문제'가 되는 것이다. 그렇게 하여 애초 설정했던 길을 걷는 것만이 정당화된다.

이는 자신들이 받아들이고 있는 '사회질서'에 어긋난 일에 대해 거부감을 느끼는 것과도 일맥상통한다. 때로 강의시간에 이십대들이 사회적 약자에 대한 연대의식이 부족하다는 식의 이야기를 하면 "정치적으로 편향된 수업을 한다"는 불만이 여기저기서 터져 나오기도 한다. 그것이 정말 '편향'된 이야기일까? 경쟁이 내면화된 세상에서 개인의 공동체의식은 약화될 수밖에 없다는 이야기는 사회학자로서 별 문제없이 할 수 있는 발언이다. 하지만 학생들 중에는 이를 학문적 경향으로 이해해줄 수 없다는 이들이 적잖다. 그 연장선상에서 '모든 것의 책임은 개인에게 있다' '열심히만 노력하면 성공할 수 있다' 등의 논의를 비판해본다는 생각을 잘 하지 못한다. 그래서 경쟁, 시장질서, 나아가 자본주의라는 체제를 조금이라도 비판하게 되면 일반적인 논쟁에서도 더 예민하게 반응하며 비아냥거리기 일쑤다. 마치 '금기의 말'을 들었다는 듯이.

이러한 다름에 대한 거부감은 이십대들이 스스로 생각하고 행동하는 것을 옥죈다. 자기 스스로 '달라진다'는 것을 두려워한다는 뜻이며, 그만큼 정해진 '레일' 위에 안착하겠다는 의지를 굳건히 한다. 이런 경향 자체가 시대적 특징이 되어 '당연한 것' '어쩔 수 없는 것'으로 개인에게 강요된다. 그 결과 개인은 앞뒤 가리지 않고 레일 위를 달리기 위해 해야 될 자기계발을 찾고 있으며, 또 그런 자기계발의 일부 성공적인 결과를 보고 부러워하면서 더 적극적인 수행을 다짐하게 된다. 결국 이 모든 과정은 순환적으로 이어지고, 이로 말미암아 타인의 고통에 무감각해지고, 그로 인해 고정관념이 강화되는 현상은 더 가속된다. 이런 환경에 노출된 이십대는 당연히 행동하고 생각하는 것이 '경직'될 수밖에 없다.

왜 학력위계주의가 문제인가

이십대의 삶 안에서 자기계발이라는 보편 특성은 여러 모습으로 발현될 것이다. 물론 이 책은 자기계발의 세상이 야기한 얼핏 바람직해 보이는 모습들에는 주목하지 않는다. 예를 들어, 사람들이 시간관리가 철저해졌고 건강관리도 유별나진 것 등은 이 책의 관심사가 아니다. 여기서 주목한 것은 자기계발의 시대가 불러일으킨 사회적 문제들이다. 여러분들에겐 어떤 것이 떠오르는가? 많은 독자들이 오늘날 이십대의 모습이 어떤 측면에서 일그러졌는지 대략은 머릿속에서 그려볼 수 있을 듯하다. 사회적으로도 개인적으로 '모든 책임은 스스로가!'라는 모토를 받아들이고 살아가야만 하는 시대는 개인들을 정치적으로는 과거보다 보수화시킬 가능성이 높고, 생활 측면에서는 그 불안을 조금이라도 덜고자 좀 더 부모에게 의지하며 살아가는 '어른아이' 캥거루족들을 많이 양성할 것이다.

그렇다면 이런 특징을 갖는 이십대들이 자기들 일상의 생활은 어떤 모양으로 만들어가고 있을까? 그 모습을 좀 더 잘 보여주고자, 이십대의 실제 이야기를 직접 들으면서 좀 더 구체적인 사례에 집중했다. 내가 발견하고 주목한 것은 이십대들이 과거에 비해 '대학 서열'이라는 굴레에 혼연일체가 되어 살아가는 경향이 더욱 강해졌고, 이를 근거 삼아 동년배들끼리의 밀어내기 전략이 무척 촘촘해졌다는 것이다. 이들은 위계화된 대학순위를 절대적인 성과적 지표로 이해하는 데 너무나도 익숙해져 있었고, 이는 일상을 살아가는 그들의 순간순간을 숨 막힐 정도로 옥죄는 도구로 작동하고 있었다.

이제부터 대학생들이 '학력위계주의(學力位階主義)'를 아주 노골적으로 내재화하고 있는 현장의 이야기를 전하려 한다. 학교이름을 서열화하여 이해하는 한국 사회의 고질적 문제가 오늘의 대학생들에게는 전혀 문제로조차 인식되지 않고 있는 현장에 관한 설명이기도 할 것이다.

3장 괴물이 된 이십대의 자화상

앞서 나왔던 비정규직 노동자들에 관한 이십대의 반응은 자기계발 보편화 시대와 특정한 사회적 이슈 사이의 연관성을 알아내기 위해 인터뷰가 아니고서는 확인이 불가능한 내용들을 의도적으로 찾고자 한 것이었다면, 지금부터의 이야기는 이십대 대학생들의 생활에서 일상적으로 발견할 수 있는 모습들이라 할 수 있다. 자기통제형 자기계발의 엄격한 시간관리 논리를 신봉하면서 살아가는 이들이 어떤 식으로 자기 또래들과 살아가는지에 대한 관찰기인 셈이다.

나는 이십대들이 스스로 밝힌 사례를 족히 2000여 건은 접했다. 그리고 이를 정량화된 수치로 정리했다. 또 이를 100여 명으로 추려낸 뒤 그들의 이야기를 간접적으로 듣거나 직접 만나 많은 이야기를 나눈 후 그 내용들을 다시 재구성했다. 자기계발 시대를 사는 개인들의 특성은 타인의 고통에 공감하지 않고 그래서 편견을 버리지 못하며, 이로 말미암아 스스로도 이 메커니즘을 생산하는 과정에 동참하는 것이었다. 이 특징들이 이십대들에게서는 '학력의 위계화된 질서'를 서로에게 강력히 적용하는 모습으로 선명하게 드러나 있었다.

미리 말하지만, 이것은 결코 아름다운 이야기가 아니다. 암울한 시대에 더 암울하게 변해버린 '자기계발하는 이십대들의 슬픈 집착'에 관한 몽타주다. 아니, 어쩌면 괴물이 되어버린 그들을 만나는 일일는지도 모른다.

덫에 걸린 대학생들의 자기방어

강의를 하다 보면 눈에 띄고 기억에 남는 학생이 있게 마련이다. 이지연이라는 서강대 학생도 그랬다. 언제나 앞자리에 앉아 똘망똘망한 눈으로 강의에 집중했고, 대답도 질문도 잘해서 수업에 활력을 불어넣는 똑똑하고 싹싹한 여학생이었다. 강의시간 이후에도 이것저것 의문점들을 물어보니 시간을 좀 뺏기긴 해도 강사로서는 기특하고 대견한 학생이었다. 그런데 몇 번 이야기를 하다 보니 지연이에게는 참 특이한 말버릇이 있다는 걸 알 수 있었다.

지연이는 성적이나 학과에 대한 이야기가 약간이라도 언급될 때면 내가 결코 묻지 않았는데도 "제가 수능시험을 망쳐서요……"라는 말을 번번이 했다. "지연이는 왜 경영학과를 선택했지?"라고 물어도 "제가 수능시험을 망쳐서요……"라고 답했고, "경영학과는 주로 어떤 걸 공부해?"라고 물어도 그에 대한 답을 하기 전에 꼭 같은 말을 언급했다. 심지어 기말고사 직전 마지막 강의가 끝나고 나서 시험에 대한 이야기를 하다가 학점관리에 대한 본인의 굳은 의지를 밝히면서도 지연이는 "제가 수능시험을 망쳐서 여기에 왔는데, 학점도 낮다면 정말 자존심 상할 일이죠"라고 말했다.

왜 지연이는 자신이 '수능시험을 망쳤다'라는 이야기를 시시때

3장 괴물이 된 이십대의 자화상

때로 강조할까? 게다가 서강대는 꽤나 고득점을 받아야지 입학이 가능하지 않은가? 그런데 수능을 망쳤다니? 참 이해할 수 없는 일이다.

헌데 곰곰이 생각해보니, 이는 지연이만의 특징이 아니었다. 오늘날 한국의 대학생들과 이야기를 하다 보면, 자신의 수능시험 성적을 부정적으로 표현하는 경향이 꽤나 심하다는 걸 느낄 수 있다. 이들은 "학교가 어딘가요?" 혹은 "왜 이 학과를 선택했나요?"라고 물으면 꼭 그런 식의 '부연 설명'이 동반된 대답을 한다. 이들은 하나같이 말한다. "원래, 내 실력은 여기가 아닌데……" "수능시험 때 제 실력을 다 발휘하지 못해서……", 어떤 경우에는 "고3 때, 제대로 공부를 못해서……"라는 식의 아쉬움을 표출하기도 한다. 이든 저든 이들이 하고 싶은 말은 결국 이거다. 원래의 내 성적은 지금 이 대학 수준보다 더 높다. 그런데 실수를 좀 했다. 그러니 고려해서 나를 보아달라!

여러모로 의문이 든다. 사실 '공부를 안 했다'는 건 터무니없는 소리다. 한국의 학생들은 대학입시를 위해 10년을 넘게 공부한다. 문제집 수십 권을 푸는 것은 기본이고, 학원과 과외는 일상이다. 자신의 실력, 그 이상을 이미 고교 시절에 쥐어짠 상태다. 대부분의 입시생이 그런 힘겨운 삶을 보냈고, 그래서 수능시험 당일에는 그 고생의 결과가 나쁘지 않기를 바라는 수험생과 그 부모님들이 간절히 기도하는 모습을 쉽게 볼 수 있는 것 아닌가. 그런데 왜 그 당사자들은 하나같이 시험을 망쳤다고 말하는 걸까?

지연이의 생활을 좀 더 구체적으로 살펴보면서 실마리를 찾아보자. 우연히 알게 된 지연이의 독특한 습관이 또 하나 있다. 고교 친구들이 가끔씩 문자로 "학교 어디 갔어?"라고 물을 때, 이에 대한 지연이의 대답은 수능배치표상의 위치에 근거하여 두 가지로 버전으로 나뉜다는 것이다. 물어본 친구가 서강대보다 수능배치표에서 위에 있는 대학에 다니는 친구라면 꼭 "서강대..ㅠㅠ"라고 답한다는 것. 꼭 'ㅠㅠ'라고 붙여 본인이 현재의 대학을 굉장히 불만족스럽게 생각하고 있음을 보여주어야 한다. 마치 '네가 서강대라고? 너 원래는 연·고대 정도 실력이지 않았어?'라는 답을 일부러 기다린다는 듯이. 반대로 서강대보다 배치표에서 낮은 대학에 다니는 친구들의 같은 물음에는 "서강대!!"라면서 느낌표를 두 개나 붙인단다. 그리고 이때, 지연이는 상대가 무슨 대학교를 다니는지 알고 있으면서도 반드시 질문 하나를 첨가한다. "너는 어디였지?"라고.

이와 비슷한 맥락의 사례가 하나 더 있다. 지연이는 버스나 지하철에서 서강대와 같은 이니셜인 'S'로 시작하는 학교 야구잠바를 입은 사람을 보면 슬쩍 그 뒤로 가서 어느 학교인지 확인한다. 이때, 그 S가 서울대면 지연이는 왠지 주눅이 들고 숙명여대, 상명대, 서경대면 묘한 쾌감을 느낀다. 이뿐만이 아니다. '연세대'라고 써진 책과 노트를 들고 다니는 사람을 보면 지연이는 어떻게든 그 학과가 어디인지를 확인하려고 눈을 번뜩인다. 만약 무슨 인문계열이라

3장 괴물이 된 이십대의 자화상

면, 지연이는 피식 웃으면서 속으로 생각한단다. '점수 맞춰서 학교 타이틀 보고 지원한 주제에… 그랬으면 나도 연대 다녔다'라고. 사실, 지연이가 내게 늘 강조하는 말은 "제가요, 연세대 낮은 학과에는

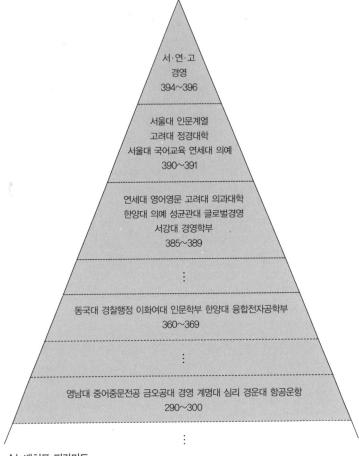

수능배치표 피라미드
현재 이십대 대학생들은 수능점수대로 정해진 대학과 학과 순위에 절대적으로 매어 있으며, 이 순위를 기준으로 사람을 즐겨 평가한다. 가장 위에서부터 맨 아래까지 피라미드는 쭉 이어진다.(출처: 2013년도 수능배치표 참조)

충분히 갈 수 있었어요. 그래도 요즘 세상에 학교 이름만 보고 가는 건 웃기다고 생각했죠. 그래서 서강대 경영학과에 온 거예요"였다. 이쯤이면 지연이가 그렇게 수능시험을 망쳤다고 말하고 다니는 이유를 어렴풋이 짐작할 수 있다.

지연이는 상대방의 대학에 따라 우월감과 열등감 사이를 시시때때로 넘나드는 것이다. 그리고 그 넘나들이의 '기준'에는 수능점수라는 성과가 존재했다. 지연이는 수능점수에 근거한 대학서열을 기준으로 자신과 타인을 비교하며 쾌감과 비감을 느낀다. 그래서 '서강대 경영'이라는 타이틀이 타인에게 수능배치표의 그 위치로서만 이해되기 전에 어떻게든 부연설명을 하고자 하는 것이다. 자신을 서강대 경영학과 정도의 실력으로만 보지 말라고 미리 방어막을 치는 것이다. 이는 일반적인 고정관념으로 이해하는 대학 진학의 이유로 자신을 평가하지 말아달라는, 일종의 '공감의 호소'다. '학교 이름'만으로 사람을 평가하는 일들을 많이 겪다 보니 생겨난 일종의 자기방어라고 할 수 있다.

내가 만난 이십대들 중 지연이와 유사한 태도를 보였던 이들은 실제로 열심히 노력해서 아무런 후회 없이 고교시절을 보냈든 아니든 그와는 무관하게 그런 반응을 나타냈다. 실제로 적성을 고려해서 대학과 학과를 선택한 경우에도 다른 이와 대화를 할 때는 대다수가 마찬가지 반응이었다. 수능을 보고 대학에 온 모든 학생들은 다들 열심히 문제집을 풀었을 것이며, 그래서 합격했고, 그러니 기

3장 괴물이 된 이십대의 자화상

뻐했을 것이다. 하지만 이 기분은 거기까지일 뿐이다. 본인이 얼마나 공부를 했든 말든, 그래서 그 노력에 만족하든 말든, 이 모든 것이 '점수'로 전환되고 그것을 바탕으로 대학입시 결과가 확정되는 순간 한국의 어떤 이십대도 온전히 기뻐할 수 없다. 왜냐하면 자신의 위치가 어디건, 자신을 제친 누군가는 반드시 존재하기 때문이다. 자신이 학창시절 동안 얼마나 노력했는지 그 사연에는 누구도 공감해주지 않고, 현재 드러난 '순위'대로만 자신을 재단할 것이라는 사실을 이십대들은 잘 안다. 그걸 신경 쓰지 않기는 어렵다. 그래서 아무리 좋은 성과로 어느 대학에 왔다 하더라도 이들은 수능 배치표상 자신보다 위에 있는 대학들, 그리고 같은 대학 내에서도 점수가 높은 학과에 신경이 쓰인다.

여기서 우리는 자기계발이 강요되는 시대의 특징을 읽어낼 수 있다. 수능점수와 그에 기초해서 들어간 대학은 자신이 노력한 만큼 얻어낸 성과에 해당한다. 자기계발서의 메시지대로라면 그 결과에 책임질 사람은 자기 자신뿐이다. 설사 '대학이름' 때문에 무시받거나 차별받는다 해도 누굴 원망해서는 안 된다. 당연히 그 사람을 동정하고 그의 고통에 공감해줄 이유도 없다. 이십대들은 이 '원칙'을 부정하지 못한다. 그러니 지연이는 같은 이유로 남을 슬쩍 무시하고, 또 같은 이유로 본인이 상처받기 싫어 "다른 서강대 경영학과 애들하곤 난 좀 달라!"라고 애써 강조하면서 '본인은 예외'라는 선제타를 날린다.

이십대 대학생들은 수능점수를 공정한 경쟁을 통해서 실력이 평가된 공정한 결과로 받아들인다. 뭐 그 자체로야 무슨 문제겠냐마는, 이것이 '다른 논의' 자체를 불가능하게 할 정도로 거의 신념 수준이라면 얘기는 달라진다. 이는 결과를 만들어내는 요소들에서 개인 노력 이외의 변수를 고민하지 않는다는 것이다. 그 순간, 수능점수의 차이는 어떤 차별의 타당한 근거로서 확신된다. 어떤 개인으로 하여금 좋지 않은 결과를 내게 한 여타 사회적 이유에 결코 공감하지 않기 때문에 기존의 고정관념은 확대재생산된다. 그러니까 "평소에 공부를 안 했으니 그 모양이지!"라는 식으로 타인을 이해하는 것이 만고진리가 되어버리는 것이다.

이런 식의 이해에 놓여 있는 대전제는 대학서열을, 나아가 그 격차에서 오는 차별을 인정해야 된다는 논리다. 그래서 지연이는 사람을 '학교이름'으로 판단하는 것을 문제 삼지 않고 오히려 타당하다고 받아들인다. 본인 스스로도 그런 기준으로 다른 학생들을 평가하니 말이다. 그리고 본인이 그 평가의 대상이 되는 순간마다 지연이는 적극적인 자기변론을 하게 된다. 두려우니까.

이것이 자기계발 시대에 나타난 '학력의 위계화된 질서'를 추종하는 이십대들의 적나라한 단면이다. 이는 흔히 알고 있는 '학력주의'와는 그 결을 좀 달리한다. 이십대 대학생들로부터 발현되는 이 특징은 학문을 쌓은 정도나 수준 혹은 실력을 따지는 학력주의(學力主義)와는 맥락이 완전히 다르다. 또 학교를 다닌 이력을 중요시하

3장 괴물이 된 이십대의 자화상

여 대졸이냐, 고졸이냐면서 간단하게 대학 졸업장 유무를 대강 따졌던 그런 투박한 학력주의(學歷主義)도 아니다. 또 혈연·지연과 함께 언급되는 학연(學緣)처럼 연고주의로서의 문제도, 자기들끼리 뭉치는 학벌(學閥)처럼 패거리주의로서의 문제도 아니다.

지금의 이십대들이 수행하는 '학력의 위계화된 질서'에 관한 집착은 과거의 학력주의보다 훨씬 더 정교해졌고 자기내면화의 강도도 훨씬 높다. 이들에게 학력에 근거한 비교와 차별은 당연한 것이 되었고, 이를 의문시 할 이유를 굳이 찾지 않는다. 그러니 자연스럽게 타인에게 상처를 주기도 하고 받기도 한다. 그 결과, 티끌만큼의 의문도 없는 '학력위계주의'가 이십대들에게 내면화되고 있었다. "결과를 책임져라!"는 자기계발을 권하는 사회의 시대정신을 발판 삼아서 말이다.

진리의 빛,
수능점수

나는 어느 날 이리저리 인맥을 동원해 끌어 모은 '인서울' 대학 학생 열다섯 남짓과 영화 〈내 깡패 같은 애인〉을 함께 보고 강의실에 둘러앉았다. 〈내 깡패 같은 애인〉이라는 영화를 짤막하게 소개하면 이렇다. 주인공 한세진(정유미 분)

은 시대적 약자로서의 대학생 모습을 잘 보여준다. 그녀는 이십대 후반으로, 지방대 출신이지만 학점도 우수하고 토익 성적도 우수하다. 게다가 대학원까지 나왔다. 그러나 잘 다니던 회사가 부도가 나서 다시 일자리를 구해보지만 지방대 출신 여자가 서울에서 취업하기란 하늘의 별따기다. 면접관은 시간이 없다며 뭘 제대로 물어보지도 않는다. 아예 춤을 춰보라면서 대놓고 모욕을 주기도 한다. 성관계를 요구하면서 잘 봐주겠다는 경우까지 있었다. 우여곡절 끝에 한세진은 취업에 성공한다. 정상적인 면접을 통해서 자신의 전문성을 제대로 보여줄 수 있는 회사를 만났기 때문이다. 면접에 나온 인사담당관은 묻는다. "한세진 씨는 꽤나 전문성이 있어 보이는데, 왜 지금까지 이렇게 취업에 실패했나요? 이유가 무엇이라 생각하는지요?"라고 묻는다. 그녀는 "지금까지 아무도 이런 질문을 해주지 않았기 때문입니다"라 답한다.

영화를 보는 내내 학생들은 취업 현실이 저 정도인가 싶어 무척이나 놀란 표정이었다. 개중에는 울음을 터트리는 친구도 있었다. 그 울음에 나는 사뭇 흥분됐다. 냉정하기 그지없다는 요즘의 대학생들이 한세진이라는 '차별받는 약자'의 상황을 이해해주고 있는 모습이 새로웠기 때문이다. 이제까지 KTX 여승무원, 쌍용자동차, 대학 환경미화원 이슈 등을 가지고 대학생들과 여러 이야기를 하면서 받은 충격을 생각하면 대견해 보이기까지 했다.

나는 이 영화를 통해 '학력위계주의'라는 고질적인 한국사회의 분제점을 토론하면서 청년들의 문제를 심도 있게 논의해보고 싶었다. 특히 '지방대'라는 곳이 한국에서 가지는 함의에 대해 비판적 성찰을 꼭 하고 싶었다. 여기서 지방대란 특정 대학이 어느 지역에 있다는 식의 '지리적 의미'가 아니라, 대학서열상 한참 아래니까 수준이 낮다는 비하의 뜻을 지닌다는 건 누구나 알 것이다. 이 지방대에 대한 편견이 꼬리표처럼 따라붙어 한 개인에게 공정한 기회를 주지 못하는 현실, 그렇게 약자가 되어 온갖 부당한 요구를 들어야만 하는 이 나라의 비상식적인 모습을 생기발랄한 이십대들이 가차없이 비판해주길 바랐다.

영화가 끝나고 이들의 눈물에 고무된 나는 자신 있게 말했다. "너희들이 말이야, 모두가 '인서울' 대학을 다니고 있잖아. 그런데 취업 서류전형이 있는데, 지방대 친구들을 막 기업에서 차별한다고 생각해봐. 점수를 완전히 다르게 주고, 또 그 이름만 보고 탈락시키는 거야. 그런 건 불공평하지 않아?" 그러나 분위기는 냉랭했다. 거의 대다수가 '그게 무슨 소리냐!'는 의미의 눈빛으로 나를 쳐다봤다. 그 어이없어하는 표정에 어떻게 대응해야 할지 당황스러웠다. 바로 좀 전까지 이들은 지방대생이 사회적 편견으로 인해 겪는 취업 고충을 보며 울었는데……?

하지만 채 5분도 지나지 않아 이들은 '차별이 없는 것이 말이 되느냐!'는 입장을 내보였다. 이들은 가슴으로는 눈물을 흘리는 따뜻함을 갖고 있지만, 이성적인 냉철함(?)을 결코 잃지 않았다. 성균관대에 다니는 최규민 학생은 말한다. "에이, 그래도 지방대는 저희 학교보다 대학서열이 낮아도 한참 낮은 곳인데, 제가 그쪽 학교의 학생들과 같은 급으로 취급을 받는 건 말이 안 되죠!" 그리고 이 말에 반대하는 이십대들은 아무도 없었다.

'떨어지는' 동년배에 대한 배려 또는 무시

이십대 대학생들이 동년배 취업준비생의 딱한 처지를 보고 눈물을 흘리다가도 현실에서의 차별을 당연하게 받아들이는 것은 결국 지방대 학생들이 겪는 상황에 감각적인 반응은 하지만 그 상황 자체가 잘못되었다고 생각하지는 않기 때문이다. 이렇게 동정심은 들지만 그 이상은 아니라는 건 앞서 확인한 KTX 여승무원, 쌍용차 파업, 시간강사 자살, 교내 환경미화원 관련 에피소드들에 이십대들이 보여주었던 반응의 연장선상이라 할 수 있다.

이 반응의 속내를 이해하기 위해서는 이십대들이 보여준 '동정심'의 정체를 파악해야 할 듯하다. 이와 비슷한 사례로 이십대들이 자기보다 더 (이십대들이 직접 표현한 단어를 사용하자면) '떨어지는' 동년배의 처지를 '배려'하는 경우를 보자. 이런 반응의 이면에는 자기계발의 논리가 스며들어 있음을 나는 이들과의 수차례 인터뷰를 통해 알 수 있었다.

규민이는 또 이런 말을 한다. "제 친구도 지방대 다니면서 지금 MBC PD가 되는 것을 목표로 정말 열공하고 있는데, 만만치 않은

3장 괴물이 된 이십대의 자화상

모양이더라고요. 자신의 꿈을 찾아서 도전하는 모습, 어려운 환경에서도 자아실현을 위해서 많은 노력을 하는 모습이 되게 기특하다는 생각이 들었어요." 이 말이 대수롭지 않게 들릴 수도 있겠지만, '기특하다'는 표현을 동년배 친구에게 한다? 이 표현에는 어느 정도 상대보다 높은 위치에 서서 내려다보는 태도가 담겨 있다. 게다가 여기에는 지방대라는 사회적 편견 때문에 더 힘들게 고생해야만 하는 상황에 대한 문제의식이 어디에도 없다. 그 상황은 일단 당연한 것이고 이를 받아들인 상태에서 그저 열심히 해내느냐 아니냐의 문제만 있을 뿐이다. 친구의 '지방대'라는 결과물은 공정한 경쟁을 통해서 나온 것이니 그에 대한 사회적 차별은 결코 잘못된 일이 아니며 당연히 본인이 감내해야 하는 것이다. 이런 차별을 뒤집고 싶다면 본인이 독하게 노력해서 좋은 곳에 취직하는 수밖에 없다. 그 친구가 이걸 인정하고 열심히 살고 있는 모습이 규민이의 눈에 '기특하게' 보였던 것이다.

사실 자기계발서에서 가장 단골로 등장하는 사례가 지방대 아무개가 대기업에 입사한 이야기, 지방대 아무개가 창업하여 성공한 경우라 할 수 있다. 이런 케이스들은 십중팔구 '나는 공부를 안 해서 지방대에 갔다 → 그 결과, 차별을 많이 받았지만, 그건 내가 공부를 안 한 대가이기 때문에 어쩔 수 없는 것이다 → 그래서 죽도록 노력했다 → 그러니 서서히 내 진가를 알아주기 시작했다' 순으로 전개된다. 이는 전형적인 성공스토리 그 이상도 이하도 아니지만,

여기에 자꾸 노출되면 '지방대라면 마땅히 그렇게 해야지'라는 고정관념이 생긴다는 걸 부인할 수 없다. 아울러, 그러한 몇 개의 성공 사례들은 누군가가 사회적 상황의 모순을 지적할 때마다 '아직 사회는 공정하다'는 증거로 자주 동원된다. 이는 곧 개인이 노력하면 세상에 못 이룰 게 없다는 식의 자기계발 논리를 탄탄히 유지시켜 준다. 규민이가 친구에게 '기특하다'고 평가를 내린 이유도 이 고정관념에 부합한 행동을 친구가 보여주었기 때문이다.

그렇다면 규민이의 '배려'에는 특정한 고정관념, 즉 지방대에 대한 무시가 전제되어 있다고 볼 수 있다. 이를 대학생 전체로 일반화하는 건 어려운 일이 아니다. 규민이 옆에서 함께 눈물을 흘렸던 고려대 지승원 학생이 내게 털어놓은 일화를 한번 보자.

승원이는 주말마다 외삼촌이 운영하는 출장뷔페에서 아르바이트를 한다. 한쪽 구석에서 접시나 컵 등을 닦는 일이었다. 시급이 그렇게 높지는 않았지만 군대 가기 전의 인생경험이라 생각하고 이 일을 하고 있다. 승원이는 그곳에서 한 달 동안 일했다는 대학생 H를 만났다. 그런데 승원이는 이 H의 첫인상이 좀 별로였다. 건들거리는 태도하며, 외모에 너무 집착하는 모습이 그랬다. 승원이는 H에게 '학교가 어디인지'를 묻고 싶었지만 참았다. 승원이 나름으로는 배려를 한 셈이다. H는 군필자였는데, 승원이는 군대까지 다녀와서 저런 스타일이면 뭐 이름 있는 대학에 안 다니는 것이 뻔하다고 생각했던 것이다. 그러니 괜히 먼저 학교 이름 밝히면 불편해할 것이라고 생각하고 의식적으로 피하는 배려심을 발휘한 것이다.

승원이의 이런 '배려'는 교회에서도 나타난다. 교회 청년부 회장을 맡고 있는 승원이는 교회에서 대학생들이 학교 얘기를 하지 않는 걸 보면서 자기도 절대 학교와 관련된 말을 꺼내지 않기로 했다. 이러한 조심성은 30명 정도 되는 청년부에 고려대보다 낫다고 하는 대학을 다니는 사람이 없다고 판단해서다. 그래서 먼저 대학 이야기를 꺼내는 걸 자제한다. 그런데 승원이의 이런 자제심에 감춰진 속내는 은근한 우월감이다. '너희들 안 부끄럽게 내가 대학 이름 안 말할게'라는. 그 배려의 기저에는 '무시'라는 감정이 당당히 존재하고 있는 것이다.

H의 겉모습만 보고 '어떤 학교일 거야'라고 지레짐작하는 것은 두말할 필요도 없이 편견이다. 승원이가 말하는 껄렁한 이미지란 건 고작 "귀걸이를 차고 있"는 모습이었다. 재미있게도 승원이는 H가 무슨 대학을 다니는지 지금도 모른다. 그리고 교회에서도 청년부원들이 대학 이름이 '부끄러워서' 대학 관련 이야기를 안 한다는 것도 짐작일 뿐 확인된 사실은 아니다. 이처럼 승원이는 케케묵은 편견에 싸인 막연한 짐작만으로 학교명을 추리하고는 자신이 좀 더 우월한 위치에 있다고 여기고 있었다.

이십대들은 지방대에 대한 무시를 겉으로는 하지 않는다. 하지만 그 내면에는 어떤 통념이 자리 잡고 있다. 그 통념은 서로를 소개하거나 할 때, 상대의 '대학이름'을 듣는 순간 작동한다. 무의식적으로 '아, 쟤는 공부 얼마나 안 했으면 저 대학을 갔지? 그런데 아직도 정신 못 차리고 있네'라는 식의 생각이 떠오르는 것이다. 이런 기본적인 생각을 전제해둔 상태에서 비로소 묵묵히 열심히 살아가는 지방대 친구에게 공감할 뿐이었다. 그 친구가 그렇게 살 수밖에 없도록 만든 사회적 압력이 좀 심한 거 아닌가 하는 고민에서가 아닌 것이다.

다른 이를 평가하는 좁은 잣대

세상에 어떤 이도 자신이 편견에 사로잡혀 행동한다고 여기지는 않는다. 나름 근거 없는 행동이 아니란 얘기다. 대학생들이 학교가 어디냐에 따라 상대를 이토록 무시하는 것은 실제로 총체적 역량에서 차이가 난다는 확신을 가져서일 게다. 그러지 않고서야 차별을 그렇게 당연하게 받아들일 수 있겠는가.

사실 지방대에 대한 고정관념을 문제 삼는 것은 쉽지 않다. "인 서울 대학 학생과 지방대 학생 간에 역량 차이, 그거 당연한 거 아니야?"라고 누구라도 되물을 듯하다. 그만큼 많은 이들이 '차별은 해서는 안 되지만 차이는 있다'는 식으로 대학교의 역량차를 인정한다. 그렇게 생각하게 된 데는 어떤 경험이 영향을 미쳤을 것이다. 예를 들어, 회사를 운영하고 있는 오십대 경영자나 기업의 사십대 인사담당관은 대학서열과 업무 능력의 객관적 차이를 나름 자신의 경험에 비추어서 설명할지도 모른다. 물론 업무 능력에 한정된 것

3장 괴물이 된 이십대의 자화상

이지만, 어쨌든 학교별 차이에 대한 어떤 경험이 분명히 존재해서 (그것이 편견이든 아니든) 나름의 근거를 갖는 이야기일 것이다. 마찬가지로 조직생활을 하는 보통의 삼사십대 직장인이라면 어떤 업무를 수행할 때 높은 능력을 보여주는 사람들이 이른바 명문대 출신이 많다는 것을 경험하고서, 상대적으로 그렇지 못한 대학 출신들을 낮게 평가할 수도 있을 것이다.

그런데 이 누군가의 경험들이 이십대에겐 처음부터 너무나 당연한 것으로 전해진다. 쉽게 말해, 이십대들이 대학교의 위계화된 질서를 받아들이는 이유에는 어떤 특정한 자신만의 직접적 경험이 있는 것이 아니라, 상당부분 기성세대의 '살아보니까, 그렇더라!'는 식의 평가를 그저 수용하면서 나타났다는 것이다. 거꾸로 보자면, 이제 고작 고교를 졸업한 이십대 대학생들이 '별로 살아보지도 않았으면서' 그런 판단을 하고 있는 셈인데 말이다.

사람이 살아가면서 간접경험을 통해 모종의 가치관을 수립하는 것 자체가 문제는 아니다. 세상사 모든 일을 꼭 직접 경험해봐야 알게 되는 건 아니기 때문이다. 하지만 '대학서열'을 간접경험으로 받아들일 때는 여러 문제점이 파생된다. 가장 대표적인 것은 간접경험을 통해 받아들인 '신념'을 직접적인 경험을 통해 확증하려다가 넘지 말아야 할 선을 종종 넘는다는 것이다. 서울의 한 대학을 다니는 지민이는 "지방대와의 학문적 역량차를 어떻게 객관적으로 확신하는지"에 대해 심층인터뷰에서 이렇게 말한다.

저는 지방에서 와서 친구들이 지방에 많이 살아요. 지방에 있는 대학 간 친구들도 많단 말이죠. 그런데 그 친구들이랑 기초적인 과목, 예를 들어서 '경제학원론'이다 하면 『맨큐의 경제학』이 전국적으로 공통적인 기초 교과서로 쓰이는데, 그 친구들이랑 우리 학교랑 빠지는 진도가 달라요. 그런 거 보면, 그런 생각하면 안 되긴 하는데, 어쩔 수 없이 '아, 저 학교와 우리 학교가 그런 차이가 있구나' 하는 생각이 자꾸 드는 건 어쩔 수 없죠.

그리고 지민이는 『맨큐의 경제학』 진도 차이가 실제 학습 역량의 차로 드러난 것을 확인했는지에 대해서는 "그건 없죠. 만날 일이 없는데 어떻게 그걸 아나요?"라고 솔직하게 고백한다. 그러면서도 "우리보다 서열이 많이 낮다고 생각되는 곳에서는 수업의 퀄리티를 결정할 수 있는 학생들의 참여도, 발표수준 등이 다를 거라"고 추정한다.

간접경험으로 받아들인 대학서열을 확신하는 태도의 문제점은 바로 여기에 있다. 지민이는 아마 이제껏 살아오면서 지방대에 대한 특정한 평가를 이미 내리고 있었을 것이다. 그리고 이를 확인하는 과정에서 지민이는 어떤 경우라도 자신의 확신에 맞추어 상황을 판단해버리게 된다. 그러면서 차이를 설명해줄 수 있는 다른 여러 이유들은 무시된다. 가령, 과목을 가르치는 교수님이 맨큐를 그다지 신뢰하지 않아서 다른 쪽의 논의를 더 많이 했을 수도 있지 않은

3장 괴물이 된 이십대의 자화상

가. 하지만 지민이는 이를 친구가 재학중인 학교를 판단하는 기준으로 삼아버렸다.

학생들과의 심층면담과 그들이 제출한 에세이를 통해 접한 104건의 케이스에서 "자신의 대학보다 서열이 낮은 대학에 대한 실제 학문적 역량차를 개인적으로 직접 경험해보았는가?"는 질문에 무려 92%가 그런 적이 없다고 대답했다. 대학생들이 학문적 역량의 학교별 차이를 직접 경험하지 못했다는 것은 당연한 결과다. 19살까지 공부만 하고 20살에 대학에 간 한국의 학생들은 다른 학교 학생과의 학문적 역량에 관한 비교체험을 할 기회가 없다. 그 자체가 큰 문제는 아닐 것이다. 다만 그 간접경험에 근거한 '역량차'를 지나칠 정도로 확신하기에 특정한 고정관념이 희석될 기회 자체가 차단된다는 데 주목하자는 것이다. 지민이의 답변을 계속 들어보자.

제 친구의 남자친구가 지방대였어요. 예를 들어 내 친구가 과제해야 돼서 못 만난다 하면 그거 자체를 남자친구가 이해를 못했어요. 왜 과제를 그날 다 해야 한다는 개념 자체가 없는 것 같았는데, 이런 경향성이 이들에게 있지 않을까요? 공부도 등한시하고 미래에 대해서도 진지한 게 별로 없잖아요. 사실 공부란 게 성실성의 문제잖아요. 아무리 머리가 나빠도 성실하게 하면 점수 나오는 게 고등학교 공부잖아요. 운동이나 미술 같은 다른 적성이 있지 않은 이상은, 또 다른 길을 찾아갈 거란 확신이 있는 게 아니면 공부를 해야죠. 학생은.

　여기서 지민이는 '친구의 남자친구' 사례를 차별의 근거로 활용한다. 눈여겨보아야 할 지점은 지민이가 특정한 사례 하나로 너무 많은 일반화를 시켜버린다는 것이다. 과제 수행의 열의가 없는 누군가의 모습 하나가 순식간에 가장 안 좋은 쪽으로 지방대의 '그렇고 그런' 이미지로 확장 해석되고 있다. 지민이는 직접 만나보지도 않고 누군가를 이렇게 판단하는 것이 그릇된 일이라고 생각하지 않는다. 참고로 지민이는 저 말들을 그저 쉽게 생각하고 내뱉은 것이 아니었다. 지민이는 나와 함께 오랫동안 이 땅의 청춘들에 대한 문제의식을 공유했고 학력위계주의로 인한 장벽이 사람들을 더 고통스럽게 한다는 사실을 인지한 상태였다. 하지만 '불쌍한 건 불쌍한 거고 다른 건 다른 거다'라는 주관은 결코 흔들리지 않았다. 앞서 소개된 여러 이십대들처럼 말이다. 그래서 그 확신을 설명할 근거를 직접적이지 않은 사례에서 어떻게든 부풀려서 찾아내고 있었다.

　이쯤이면 "에이, 그럼 대학별로 실제 역량차가 없다는 이야기야?"라고 의아해하는 독자도 있을 것이다. 하지만 나는 (4장에서 구체적으로 언급하겠지만) 지금 그 문제를 논하는 것이 아니다. 문제는 이십대 대학생들이 간접경험의 한계를 극복할 일상의 공감력이 부족한 상태에서 간접경험에만 근거한 잣대를 가지고 동년배들을 절대적으로 평가해버린다는 사실이다. 사실 대학서열이 사회문제가 되

　　　　　　　　　　　3장 괴물이 된 이십대의 자화상

는 가장 큰 이유는 사람의 잣대를 '학습 역량'(수능점수)만으로 줄을 세워 판단하기 때문이다. 인간의 능력을 판단하는 데 학습 역량은 일부분에 불과한 것이다. 다른 역량들도 수없이 많다. 하지만 수능점수처럼 '단번에' 드러나거나 쉽게 확인되기 어렵다는 특징을 갖고 있을 뿐이다.

과거의 이십대들은 이러한 편견으로부터 상대적으로 자유로울 수 있었고, 그래서 기성세대의 가치관을 흔들면서 사회 전체적으로는 어떤 균형을 맞춰주기도 했다. 하지만 지금의 이십대들은 과거의 이십대들이 삼십대가 넘어가면서야 천천히 형성하던 생각들을 어차피 사회에 진출할 것인 이상 빨리 알아두면 좋은 가르침 정도로 자주 접하게 된다. 사회적 선행학습이랄까. 자기계발서는 이런 분위기를 만들어내는 데 지대한 공헌을 했다. 자기계발서의 상당수가 '성공한 직장인'들의 입을 통해 미리 알아두면 좋을 '사회상식', 달리 말하면 사회적 '고정관념'들을 전달하기에 바쁘다. '사회는 어쩔 수 없다. 사회는 무지막지하다. 그런 현실을 인정하고 미리미리 준비하라!'는 것이다.

그렇게 기성세대의 오래 묵은 편견은 그대로 전승되고 고착된다. '지방대니까 어쩔 수 없이 더 죽도록 노력했다'는 식의 설명은 지방대에 관한 특정한 이미지를 전제하고 있는 것이고, 이는 '능력이 부족하고 게으르다' 같은 이미지로 이십대에게 옮겨진다. 하긴, 요즈음은 초등학생들도 담임의 출신학교를 따진다고 하지 않던가. 이는 살아보니 그렇더라는 식의 논의를 기성세대로부터 무수히 들었기에 가능한 현상일 것이다. 시중에 나와 있는 자기계발서 중 그런 식으로 말하지 않는 경우를 본 적이 있는가. 그리고 이십대는 '살아보니 안 그런' 경우에 대해서는 좀처럼 공감하지 못한다. 이렇게 주입된 가치관은 견고히 재생산된다.

"내가 이룬 성과를 존중해달라"

여러 사회학자들이 자기계발서를 비판하는 이유 중 하나는 그 내용들이 과거 산업사회의 '전사형' 모델을 지나치게 강조하고 있어서다. 이 모델은 예컨대 '수출 100만 불 달성'을 위해서라면 '작업 중 화장실 좀 덜 가기 위해 식사 때 국을 먹지 말자!'는 식의 논의를 정당한 영역으로 끌고 들어왔다. 고속도로를 건설하다가 수많은 사람들이 죽는 불상사가 발생해도 '최단기간 준공'이라는 엄청난 성과 앞에서 별 의미를 지니지 못했다. 그렇게 '성과'는 늘 찬양의 대상이었다.

오늘날의 자기계발서 역시 이러한 성과를 기준으로 논의가 전개되고 있다. 단순히 누군가가 악착같이 산 것만으로는 독자들과 결코 공감대를 형성하지 못한다. 주인공들의 전투적인 삶이 반드시 어떤 성과의 달성으로 이어져야만 '자기계발'의 권장사례가 될 수 있다. 그래서 CEO도 되지 못했거나, 서울대에 합격하지 못했거나, 10억을 벌지 못했으면 자기계발의 스토리는 완성되지 않는다. 이때

3장 괴물이 된 이십대의 자화상

나타난 성과는 그 자체가 존경의 대상이지 그 실현 가능성과 정당성은 의심할 영역이 아니다. 그것은 공정한 경쟁에서 남들보다 더 노력한 개인이 얻어낸 정당한 보상으로 여겨진다.

이십대들이 직접 경험하지 않은 역량 차이를 당당히 주장하게끔 하는 확신의 근원에는 이러한 성과지표에 대한 무한한 신뢰가 있다. 이들에게 "능력 차이를 직접 경험해본 사례를 말해줄 수 있겠니?"라고 계속 묻다보면, 거의 모든 이십대들이 최종적으로 도달하는 지점이 있다. 바로 수능점수다. 이것이 바로 타인을 평가할 때 이십대들을 당당하게 만드는 근거였다. 이들의 논리는 명쾌했다. A 대학과 B대학의 수능배치표상 위치가 다르면 당연히 해당 학생들의 이후 역량은 확인하나마나 '다른 것'이었다. 이들에게 대학생활을 하면서 겪는 경험은 그다지 중요하지 않았다. 특히 창의성이라든지 발전가능성, 혹은 성실성 등 구체적 성과지표로 측정할 수 없는 추상적 영역들은 수능점수 앞에서 논할 가치도 없는 것이었다.

한국사회에서 수능의 중요성은 말하면 입 아플 정도다. 수능이 고교 학업평가를 구별하는, 현재 존재하는 제도 중에서는 가장 공신력이 확보된 중요 수단임은 분명하다. 하지만 생각해보자. A대학 경영학과와 B대학 경영학과의 차이, 그리고 그 학과에 소속된 학생들의 역량 차이를 단지 수능점수에만 근거하여 판단하고 있는 것이 과연 논리적인가?

수능점수에 대해 이십대들이 이렇게 대단한 신뢰를 보내는 것은,

이들이 수능점수를 '시간을 어떻게 보냈느냐에 따른 공정한 결과'
로 이해하기 때문이다. 수능점수를 노력의 객관적인 결과로 확신하
고 있었다. 과거의 노력을 통해 얻어낸 성과를 가지고서 그 사람의
이후를 판단하는 데 아무런 무리가 없다는 것이다. 그러나 수능점
수라는 성과를 인정한다 하더라도 이후의 변화를 고려하지 않는 것
은 문제가 있는 것 아닌가? 수능점수에 근거해서 사람의 능력을 판
단하는 게 의아하다는 반문에는 이런 대답이 돌아온다. 한 학생의
말이다.

수능 점수 올리는 것은 힘들잖아요. 수능은 사람을 평가하는
데 있어서 뭔가 객관적이고 공신력 있는 시험이죠. 12년간 교
육이 집대성된 결과 아닌가요? 그 점수의 차이가 나의 노력에
대한 보상이죠. 나는 수능을 잘 본 건 아니지만, 어쨌든 그 점수
라도 얻기 위해 그 시간 동안 다른 사람들이 누렸던 것들을 포
기한 건 분명하죠. 그래도 서울에 있는 대학에 오기 위해 하루
자습시간이 평균 10시간이 넘도록 독서실에 박혀 공부만 했다
니까요. 다른 친구들은 이성친구와 사귀기도 했지만 난 고3 수
능치기 전까지 이성 친구를 사귀지도 않았어요. 공부에 방해될
까 봐 그랬죠. 하지만 스스로 노력하지 않고 이성친구들과 연애
를 하던 친구들은 모두 지방대, 전문대에 갔어요. 서로 수능시
험에 임하는 태도가 분명 달랐다니까요.

이십대 대학생들과 학력위계주의를 주제로 대화하다 보면 이런 논리를 다른 이들에게서도 늘 발견하게 된다. 이십대들은 겉으로는 학력주의 혹은 학벌지상주의가 얼마나 심각한지 잘 알고 있다. 그러나 정말이지 한발만 더 들어가면 서로 약속이나 한 것처럼 전혀 다른 입장을 보여주었고, 학력차별이 당연할 수 있다는 근거로 수능준비를 얼마나 열심히 했는지를 강조한다. 물론, 그 노력이 의미가 없다는 건 아니다. 하지만, 그것은 "○○대학 학생과의 차이를 구체적으로 확인한 적 있느냐"는 질문에 대한 답으로는 부적절한 것 아닐까? 이것이 과연 A대학의 경영학 수업과 B대학의 경영학 수업을 듣는 학생들의 전반적인 역량 차이로 연결될 수 있을까?

이십대들이 과거에 지나간 수능점수에 매우 집착하는 이유는, 그것이 이들에게 가장 공신력 있는 '성과지표'이기 때문이다. 앞서 말했듯이, 자기계발의 논리는 나타난 성과에 절대적인 비중을 두고 있다. 그래서 누구를 판단하는 근거로서, 이십대들에게 그만한 객관적인 기준이 없는 것이다.

여기서 유념해야 할 지점이 있다. 이것이 이른바 잘 나가는 대학의 학생들이 그렇지 못한 대학의 학생들을 무시하는 경우로만 이해될지도 모르겠다. 대개 '인서울대' 학생들이 '지방대'를 깔보는 게 이런 식이기 때문이다. 하지만 '인서울대' 학생들을 가해자로만, 그리고 지방대 학생들을 피해자로만 규정해서는 안 된다. 이 메커니즘은 서열 최상위의 서울대에서부터 이른바 서열 200위라고 규정되는 4년제 대학까지 쭉 이어지는 세로막대에서 아주 세밀하게 작동한다. 이 지점이 바로 내가 기존의 학력주의와 다른 형태로서, 지금 이십대들의 특징에 주목한 결정적 이유다.

책에서는 논의를 가장 심플하게 드러내기 위해 '이름값'이 높은 대학들을 소개했지만, 내가 여러 대학에 강의를 다니면서 확인해보면, 이 속성은 어떤 대학에서도 예외 없이 나타났다. 연세대는 서강대를, 서강대는 성균관대를, 성균관대는 중앙대를, 중앙대는 세종대를, 세종대는 서경대를, 서경대는 안양대를, 안양대는 성결대를 '무시'한다. 행여나 후자가 전자를 '비슷한 대학'으로 엮기라도 할라치면 그 순간 전자들은 "무슨 말도 안 되는 소리를 하냐"고 난리가 난다. 그렇게 4년제는 다시 2년제를, 2년제는 또 같은 기준에 근거해서 자기들 내부를 쪼개고 줄세운다. 모두가 이렇게 같은 논리를 가지고 가해자 역할을 하며, 또 그래서 당연히 피해자 신분이 되는 상황에도 매우 능동적으로 기여하는 셈이다. 1등만이 살아남는 승자독식사회 구조가 그 엄청난 불공정성에도 어떻게든 유지되는 것은 이처럼 모든 사회적 구성원들이 이 구조를 적극 지탱하고 있기 때문이다. 구조의 피해자들이 가장 충실한 구조의 유지자로 기여하기에 사회는 변화하지 않고 그대로 유지되어 나간다.

그런 의미에서 이십대는 비로소 하나의 세대라 말할 수 있을는지 모른다. 물론 다양한 층위가 있는 이십대를 어떤 세대라고 단정 짓게 되면 많은 논란이 따를 것이다. 하지만 대다수 이십대가 가진 동류의식 하나가 분명 존재한다. 그것은 '타인의 상승'에 대한 거부감이다. 그런 상승을 원천적으로 봉쇄하겠다는 의지가 굳건하다. 이유는 간단하다. 오늘날 한 개인이 경쟁에서 선택되지 않을 가능성이 과거에 비해 커졌다는 것은 누구나 다 아는 사실이다. 대학졸업장, 토익점수, 봉사활동, 해외연수, 수상경력 등으로 무장해도 살얼음판이다. 그러니 일단 버티기라도 해야 한다. 이때 수능점수라는 객관적인 성과지표를 바탕으로 사람을 미리 재단하는 건 타인을 배제하는 전략으로서 너무나도 유용하다.(이게, 경쟁에서 이기는 분명한 방법이다!) 이건 "어떻게든 살아남아라!" "성과를 존중해라!"에 익숙한 이십대들에게 너무나도 자연스런 전략이다.

그런 측면에서 이십대는 보편적 가해자이자 피해자라는 공통점을 가지고 있다. 가해자 역할을 할 때, 이들은 마치 정의의 이름으로 학살을 서슴지 않았던 '십자군 원정대'처럼 동년배들의 어떤 집단을 (그러니까 A학교는 자신들보다 수능성적이 낮은 B학교를) 멸시한다. 그래서 놀랄 정도의 비논리적인, 하지만 확신에 찬 학력차별을 과거에 비해 훨씬 노골적인 수위에서 공격적으로 전개하는 이들이 바로 오늘날의 이십대이다. 오랫동안 만나오며 진솔한 이야기를 나눈 이들을 이렇게 정의한다는 것은 내게도 무척이나 가슴 아픈 일이다. 허나 과거와는 차원이 다른 어려움을 겪고 있는 이십대들에게 '타인 밀어내기'가 불가피한 생존전략이란 것도 엄연한 현실이다.

이들은 동년배의 공격성이 가차없다는 걸 알기에, 일단 자신이 멸시적 대상이 될 가능성을 먼저 차단하는 데 익숙하다. "수능시험을 망쳤다"는 자기방어는 그렇게 탄생한 것이다. 십자군 원정대가 칼을 들고 돌진하고 있으면, 일단 피하는 것이 상책 아니겠는가. 그게 정당한지 아닌지는 나중에 따질 문제다. 살아남기 위해 냉혹해져야 하는 현실, 그 슬픈 현실을 모르지 않지만 이렇게 초라하고 치졸하게 변한 청춘이라니……. 무엇보다 더 슬픈 건 이들이 바로 스무 살 청춘이란 점이다.

대학서열에 대한 무모한 집착

내가 이십대들을 오랫동안 만나면서 이들과 가장 소원해졌던 때가 아마 이즈음이었다고 기억한다. 이들은 내가 "직접적으로 확인한 바는 없잖느냐?"고 되묻는 걸 자꾸만 자신들을 추궁하고 조롱하는 느낌으로 받아들였다. 그렇게 자신들을 '상식에 어긋난 사람'인 양 대하는 것에 대해 기분이 몹시 불쾌했던 모양이다. 하지만 그게 사실이라면 애초에 이런 연구 주제가 내 고민의 범주에 들어오지도 않았을 것이다. 나는 자기계발 시대가 이십대에게 선사한 고정관념이 어떤 비합리적인 형태로 나타나고 있는지를 그들 자신이 볼 수 있게 해주고 싶었다. 그러는 내

3장 괴물이 된 이십대의 자화상

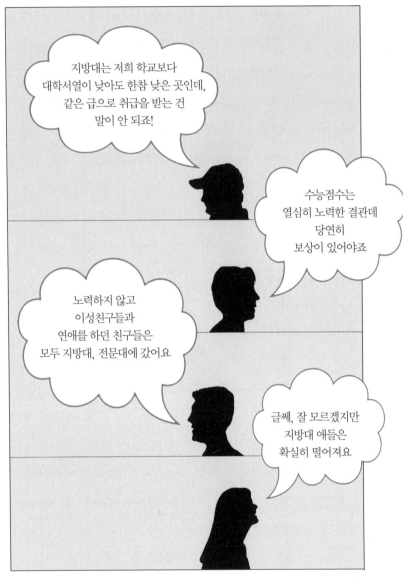

'타인 밀어내기'가 불가피한 생존전략이 된 이십대들

가 거북살스러울 수도 있겠지만, 결국은 그것이 이십대를 진정으로 이해하는 길이라고 나는 믿는다.

하여튼 이런 고민에 싸여 있을 당시, 나는 효정이를 만났다. 효정이는 2011년 1학기에 내가 ○○대에서 이와 관련된 주제로 사회학 특강을 할 때 가장 열정적으로 수업에 동참해준 친구였고, 이후 고려대로 편입을 했다. 그런 뒤에도 내가 꾸리고 있던 모임에는 지속적으로 참여해왔는데, 어느 날 모임이 파하고 나서 내게 너무나 괴롭다면서 상담을 요청했다. 유난히 무더웠던 그날, 난 효정이와 맥주 한 잔을 앞에 두고 많은 이야기를 나눴다.

본질에서 벗어난 평가

"선생님. 전 동의하지 못 하겠어요."

"뭐를?"

"아니, 자꾸 선생님이 우리보고 '편견'이라고 그러시는데, 정말 그렇지 않아요? 수준 떨어지는 대학을 다니는 애들은 딱 보면 알지 않나요? 선생님은 여러 대학 출강하시는데 그런 것 못 느끼세요? 제가 지금 오버하는 거예요?"

"글쎄…… 나는 너희들이 진짜로 확인해본 적이 없는 걸 '사실'로 규정하고 그 편견에 사로잡혀 있는 걸 문제 삼는 거지. 그런 것이 안 그래도 힘든 이십대의 삶을 더 팍팍하게 만든다는 것이 내 요지야. 대학은 그냥 수능성적에 따라서 한 줄로 줄서서 간 거잖아. 뭐 물론

3장 괴물이 된 이십대의 자화상

중・고등학교 때 누가 더 열심히 공부했고 안 했고의 차이는 있지. 하지만 그건 이미 과거인데, 현재도 수능점수로 사람을 판단할 수 있을까? 그건 좀 지나친 집착 같잖아. 그런 거 문제 삼았을 뿐이야. 직접 능력 차이를 확인한 것도 아니면서 자꾸만 과거의 기준으로 사람을 판단하는 그런 거…… 그렇다면 그 상대는 수능 이후에 아무리 열심히 살아도 소용이 없는 거잖아. 그런 편견은 잘못된 것이 아닌가 하는 거지."

"그래도 전 아닌 것 같아요. 제 얘기 좀 들어보세요. 제가 지난번에 동창회 갔었단 말이에요. 그런 데 가서 보면 학교에 따라 수준 차 딱 난다는 느낌이 있다니까요. 솔직히 그저 그런 학교 다니는 친구들 말이에요, 걔들은 줄곧 연예인 이야기만 하더라고요. 증권가 찌라시 정보 같은 거 있잖아요. 그런 거 누가 많이 아나 경쟁하듯이 이야기한다니까요. 이 정도면 수준이 낮아도 너무 낮은 거 아닌가요?"

효정이는 차분하게 조근조근 자기 논리를 풀어나갔다. 그런데 과연 좀 '떨어지는' 대학에 간 고등학교 친구들이 연예인 이야기를 많이 하는 것이 수준 떨어진다는 증거가 될 수 있을까? 연예인 이야기를 많이 하는 것과 대학의 우수성 사이에는 직접적인 관련이 없다. 하지만 효정이는 이미 어떤 고정된 렌즈로 친구들을 보고 있다. 어떤 대학의 누가 어떤 말을 하는 순간, 효정이는 이미 정해진 이미지에 근거해서 그 말을 평가했다. 쉽게 말해, 지방대 친구들이 연예인 이야기를 하자 효정이는 '거 봐라, 너희들은 맨날 이런 것에나 관심

가지는 거지?'라고 생각한 것이다. 아마 효정이 자신도 평소 친구들과 연예인 이야기를 한 적도 있을 테지만, 그럴 때는 이를 개인의 자질을 평가하는 기준이라고는 꿈에도 생각하지 않을 것이다. 하지만 자신보다 대학서열이 낮은 친구들이 그러는 것은 그 대학 학생들이 '수준 낮은' 증거가 되어버린다. "제가 작년에 미팅을 나갔는데요, 그때도 마찬가지였다니까요. 어디 이상한 대학 애들이었는데 수준 차가 확 났어요. 내가 무슨 말을 해도 잘 알아듣지도 못하고 그랬어요. 걔들도 마찬가지였죠. 연예인 이야기만 주구장창 하고…" 라며 말이다.

문제는 이런 고정된 생각에 집착하면 점점 본질로부터 멀어진 이유들이 등장하게 된다는 것이다. 효정이에게 단도직입적으로 물었다. "좋아, 그럼 넌 고려대 경영학과에 다니니까, 뭐 좀 떨어지는 학교 경영학과 애들보다는 경영학을 더 잘하겠네?"

"어…… 음…… 뭐 사실 그건 비슷하겠죠. 경영학은 대학 와서 배운 거니까. 제 학점이 좋은 것도 아니니까요. 아, 그런데 확실히 차이는 나요. 제가 ○○대 경영학과 얘기를 들은 적 있는데 걔네들 진짜 막장이더라구요. 학교 시험기간 때 애들이 도서관에서 자기가 볼 책 부분을 찢어서 가져온다지 뭐예요. 도서관에서. 그러니까 시간이 갈수록 도서관에 있는 책들이 페이지가 없어진다나 뭐라나."

"진짜?"

"그렇다니까요. 그런 이야기 들으면 '참, 역시 그런 데서도 차이가 많이 나는구나' 하는 생각이 들어요. 경영에 대한 지식이 차이 난다기보다 도덕적으로 걔네가 완성이 안 되었다? 이렇게 표현해야 하나요? 도덕보다는 약간 철이 덜 든 것 같아요. 학교에 대한 자부심도 없고요. 전 정말 상상도 못했는데 말이죠. 근데 진짜로 그렇다는데 할 말을 잃었죠. 그래서 제가 최소한 걔네들보다는 낫다, 그런 생각이 들었어요. 저는 그래도 최소한 공부는 하니까, 다 외우고 가서 시험을 본단 말이죠. 우리는 책 찢고 그런 짓은 아무도 안 하거든요. 아 맞다. 컨닝 같은 것도 그런 대학들은 완전 전문가 수준이라고 하더라고요."

지금 이 이야기들의 사실유무는 중요하지 않다. 학생들이 컨닝을 하는 건 어떤 대학이든 비일비재한 일이고, 도서관 책을 찢는(때론 훔치기도 하고) 건 사실 어느 대학에서나 들리는 야담이다. 중요한 건 이를 부각시켜 역량차에 대한 근거로 활용하고 있다는 점이다. 사실 효정이는 지금 도덕성이라는 개인의 태도 문제를 끌어내어 이 논의를 얼른 종결짓고 싶어 할 뿐이다. 이미 진짜 역량 차이를 어떻게 아느냐 하는 문제는 사라졌다.

"맞아요. 또 있어요. 이건 진짜 확실하죠. 제가 지하철 타고 학교 다니잖아요. 그러면 우리 학교 지나서 동덕여대, 서울산업대, 서울여대 막 이런 학교들 쭉 있단 말이죠. 이게요, 다 구분된다니까요. 아침에 지하철을 타면 대학생이 꽤 많잖아요. 그런데 딱 알 수 있어요. 침 흘리며 자거나, 특히 아이스커피 같은 거 마시면서 후루룩 소리 내고 얼음 와작와작 씹어 먹는 사람 있단 말이에요. 또 무슨 저급한 잡지 보는 사람들하고 스마트폰으로 게임만 하는 사람들, 그런 사람들은 우리 학교에서는 절대 안 내려요."

"그게 뭐가 어때서?"

"어떻긴요! 티가 확 나잖아요. 그런 게 차이 아니면 뭐가 차이란 말인가요?"

"근데 그건 능력 차이를 나타내는 건 아니지 않아?"

"어휴, 선생님은…… 그런 태도나 도덕심이 얼마나 중요한데요."

"에이, 그래도 그건 다르지…… 그래, 그렇다고 치자. 그런데 여기 학교 친구들은 진짜 안 그래?"

"그러는 애들도 있겠지요. 하지만 지하철에서는 안 그래요."

내가 효정이와의 이 대화를 지금껏 똑똑히 기억하고 있는 것은 내가 차마 말을 끊을 수 없을 정도로 그녀의 태도가 너무나 진지했기 때문이다. 정말로 누가 들으면 '이게 대학생의 이야기 맞아?'라고 비웃을 만한 이야기를 효정이는 비록 약간의 취기가 있지만, 당당하게 말했다. 고작 그런 차이로 자신보다 서열이 낮은 대학에 다니는 학생들을 낮춰보고, 무시하는 게 정당화될 수 있을까? 나는 동덕여대에 오랫동안 출강을 해서 효정이가 말하는 그 6호선 라인을 자주 탄다. 내가 보기에는 지하철 안의 효정이네 학교 학생들도 역시 다들 자다가 내리기 바쁘고, 스마트폰 게임 삼매경이다. 특히나, 야간 강의를 마치고 늦게 하행선을 탈 때 술 취한 고려대 학생들의

3장 괴물이 된 이십대의 자화상

지하철 소란은 정말 눈뜨고 못 봐줄 정도다. 효정이도 이런 모습을 분명 보았을 것이다. 그러나 애초에 고려대생에 대한 관점이 달랐기에 그것이 인식되지 않았을 뿐이다.

효정이는 나와 그 오랜 대화 내내 자기 학교와 다른 대학의 역량 차이를 직접적으로 설명하지 못했다. 내가 좀 구체적으로 대학 역량의 차이를 설명해보라고 다그치자 "그런 애들이 뭘 하겠어요?"라고 얼버무릴 뿐이다. 결국 효정이는 자기 주장이 '실제로' 확인한 적 없는 추정에 불과했다는 것을 스스로 증명한 셈이다. 그런데도 효정이는 어디에서 차이를 발견하고 있는 것일까? 그렇게 굳이 차이를 찾아내려는 동기는 과연 무엇일까? 이미 확인된, 그리고 자신이 쟁취한 성과지표('고려대'라는 이름값)를 지키고 그에 못 미치는 이들을 자신과 구별지어 밀어내려는 의지가 발휘된 결과가 아닐까? 그래서 어떤 사소한 꼬투리를 가지고도 차이를 만들어내는 것이 아닐까?

점점 단단해지는 기존의 편견

특히 대학이라는 공간의 직접적인 경쟁력 차이를 증명해보라고 구체적으로 들어갈수록, 각자의 소속 대학 서열을 지켜내려는 이들의 답변은 더 '논리적인 것'에서 멀어지기 시작한다. 학력 차이를 증명해보라는 질문에 대학생들은 일반적으로 '지각, 취식, 졸음' 같은 일상적 생활태도를 부각시킨다. 이들은 수준이 '다르다'는 근거로 "저 애들은 수업시간에 늦고요, 수업시간에 뭘 먹어요, 수업시간에 잠만 자요"라면서 학습태도에 대한 것들을 든다. 내가 만난 이십대의 57%가 이야기 도중 이와 유사한 맥락을 끌어왔다. 물론 그런 모습들이야 어느 대학을 막론하고 볼 수 있는 현상이다. 하지만 자기들 집단에서 나타나는 같은 현상에 대해서는 '개인의 싸가지' 문제 정도로 치부한다.

유사한 사례는 더 있다. 이십대 대학생들은 "저 친구는 그런 시사상식을 잘 몰라요"라면서 역량 차이를 설명하는 경우가 꽤 있다. 시사에 관심이 많은지 적은지가 학교의 역량 차이를 보여줄 수 있다는 것이다. 하지만 그들이 중요하게 여기는 그 시사상식을 역으로 같은 학교 학생들에게 물어보면 마찬가지로 모르는 경우가 태반이다. 이들은 왜 자기 주변에서 더 쉽게 찾을 수 있는 시사에 무지한 학생들을 보지 못했을까? 이는 이 문제를 그저 개인의 성향으로 보고 별다른 기억으로 남기지 않았기 때문이다. 자신들이 시사상식을 모르는 이유야 그저 별 관심이 없어서일 뿐이다. 혹은 그런 사안에 관심 가질 시간이 없을 만큼 공부에 열중하기 때문이다.

이 논의에 동의하지 못하고 고개를 갸우뚱거리는 독자들도 있을 것이다. 정확히 조사해본다면, 시사상식의 정도나 강의실 분위기가 어떠하냐에 따라 그 학교 학생들의 실제 역량 사이에 유의미한 상관관계가 있는 것으로 나타날지도 모른다. 또한 나 역시 대학별로 역량차가 나리라는 걸 부인하는 건 아니다. 하지만 문제는 그런 역

3장 괴물이 된 이십대의 자화상

량차에 대한 판단이 고정관념에 기초하고 있다는 사실이다.

앞서도 말했지만, 아마도 결과가 그럴 것이라는 확신 때문에 미리 그렇게 생각하는 것은 아무런 문제가 없는 걸까? 흑인들 혹은 외국인 노동자들이 범죄율이 높다는 사실에 근거해, 그들을 애초부터 범죄자 취급하고 별다른 기회를 주지 않는다면 정말로 그들은 범죄자가 될 확률이 높아진다. 그런 것이 바로 자기실현적 예언의 위력이다.

다른 예를 들어보자. 기업에서 흔히 여성 직원은 출산과 육아 등으로 퇴사하기가 쉽고, 회사 생활에도 덜 적극적이라는 이유로 남자를 더 우대하곤 한다. 그런데 이렇게 '여성들은 이러저러하다'는 고정관념을 바탕으로 남성에게 더 많은 기회를 주면 여성들은 업무 능력을 향상시킬 기회를 얻지 못할뿐더러 의욕도 떨어지게 된다. 자연히 회사 생활에 덜 적극적으로 될 것이다. 이는 고정관념이 사실이냐 아니냐의 문제가 아니다. 애초에 고정관념이 없었다면 특정 사실은 완전히 달라졌을 수 있다는 것이다.

이런 관점에서 이십대들의 그런 반응에 주목해야 한다. 이들은 자기가 다니는 대학보다 수능 서열이 낮은 대학의 학생들을 바라볼 때는, 모든 행동 하나하나를 그 학교의 '이름'과 결부시킨다. 그들이 물만 흘려도 "머리 나빠서 그런 것이다"라고 말할 태세다. 물론 이러한 확신은 스스로 체험한 것이 아니다. 대학생들은 이미 확신하고 있고, 누군가의 '카더라 통신'도 충분한 근거라고 받아들인다.

이들은 자기 학교보다 서열이 낮은 대학의 학생들이 재학중 무엇을 한들, 또 해낸들 관심이 없다. 무엇을 해도 자신보다 아래다. 정확히는 아래에 '있어야' 한다. 그렇기에 논쟁을 할수록 이야기는 산으로 갔다. "질이 좋지 않은 대학에서 질이 좋지 않은 교수님에게 배웠으니 저희보다 질이 떨어지지 않겠어요?"라는 기가 막힌 해석도 등장한다. 그 대학 교수가 너희 대학 교수보다 수준이 떨어진다는 것을 어떻게 증명할 수 있느냐고 따지면, "명문대 출신 교수님이 그래도 우리가 더 많지 않을까요?"라고 도돌이표 같은 답변이 돌아온다. 명문대생이 더 뛰어난 것은 명문대 출신 교수님들이 가르치기 때문이다?

그렇지만 학생들은 이를 모순이라고 깨닫지 못한다. 논문편수 등을 가지고 교수들의 '연구역량'을 대학별로 비교할 수는 있을지 모르지만, 교수의 '강의역량'이 출신대학과 상관관계가 있다는 식이니. 게다가 학부생 강의는 평균적으로 40~50%를 이 대학, 저 대학 출강하는 떠돌이 시간강사가 맡는데 말이다. 교수들의 학력까지 언급해가며 자신들의 우월성을 증명하고자 하는 모습은 강박적으로까지 보인다. 어떤 식으로든 저쪽을 '한 수 아래'로 취급하겠다는 그런 강박.

이렇게 대학의 우열에 대한 편견이 강고히 박혀 있는 것은, 오늘날 이십대 대학생들이 대학서열을 마치 신분제 사회의 견고한 위계처럼 받아들이고 있음을 의미한다. 과거에는 이 구분의 단위가 꽤

3장 괴물이 된 이십대의 자화상

넓은 범주였다. 말하자면 '대학생'이냐 아니냐, '인서울'이냐 아니냐 하는 정도였지만, 지금은 아주 잘디잘게 세분화되었다. 수능배치표에서 순위가 단지 한 계단 차이가 나는 학교간에도 이 논리는 어김없이 적용된다. 대충 큰 덩어리 몇으로 묶여서 서열이 매겨진 게 아니라, 아주 세밀히 쪼개져 낱낱으로 매겨진 '카스트'인 셈이다. 그 계단 하나하나마다 위로 아래로 철저한 밀어내기가 존재하는 그런 카스트 말이다.

연세대 경영학과에 다니는 학생에게 "너는 연세대 경영학과가 서강대 경영학과보다 무엇이 더 우월하다고 생각해?"라고 단도직입적으로 물어봤다. 평소 이 친구는 학교에 대한 애정이 그다지 없었다. 오히려 연세대 교수들은 다들 곱게 자라서 세상물정 모른다고 자주 비난하기도 했고, 또 학교 분위기가 친기업 성향이라며 노골적으로 싫어하기도 했다. 그러나 비교집단이 등장하자 언제 그랬냐는 식으로 돌변한다. 학생은 "제가 서강대 전공 수업을 들어본 적이 없으니 잘 모르겠어요"라고 말을 하면서도 어떤 근거를 곰곰이 찾기 시작한다. 그러면서 연세대의 우수한 교수진 및 알찬 수업, 큰 학교의 이점 등을 설명하기 시작했다.

태도가 바뀐 것은 차치하고, 연세대 경영학과 수업이 '알차다'는 것, 교수진이 '우수하다는 것'은 도대체 무슨 의미일까? 게다가 이 학생은 서강대 경영학과 수업은 들어본 적도 없다. 그런데 어떻게 그런 비교가 가능한 걸까? 더 놀라운 것은 '큰 학교'라서 더 좋다고 말한다는 사실이다.(이런 학생들이 꽤나 많다.) 학교가 크다는 것과 역량이 뛰어나다는 것 사이엔 도대체 어떤 상관관계가 있는 걸까? 이것이 캠퍼스 '면적'을 말하는 건 아닐 테고, 그렇다면 '종합대학'으로서의 크기를 말한 것이겠다. 지금 이 학생은 연세대는 의과대학이 있고 서강대는 그렇지 않다는 걸 말하고 있는 것이다. 연세대에는 의대가 있기 때문에 연세대 경영학과가 서강대 경영학과보다 더 낫다는 논리는 어떻게 받아들여야 할까?

그런데 재미있는 것은 서강대 학생들도 상당수가 이런 논리를 받아들이고 있다는 점이다. 반대의 질문, "너희들은 연세대에 비해 왜 역량이 떨어진다고 생각하지?"라고 물으면 서강대 학생들은 "우리 학교는 의대가 없어서"라는 식의 동문서답을 실제로 많이들 한다. 다시 "도대체 그게 네 역량과 무슨 상관인데?"라고 물으면 이 중 상당수가 "연세대 친구들이 그런 식으로 이야기를 했다"면서 또 동문서답이다. 이처럼 연세대 학생의 어처구니없는 우월감의 근거가 서강대 학생에게는 어처구니없는 열등감의 원인이 되면서 대학간의 위계를 흔들리지 않는 진실로 만든다.

이십대 대학생들에게 어떤 객관적 증거가 있냐 하는 것은 별로 중요하지 않은 것 같다. 증거가 있든 없든 서열이 낮은 학교 다니는 학생들은 자신보다 능력이 떨어지는 것이다. 그들은 어떻게든 자신이 소속된 대학보다 서열이 낮은 대학의 학생들을 낮게 평가하려 한다. 아니 그렇게 평가하는 게 마땅하다고 생각한다. 이는 거의 조건반사적이다. 동시에, 서열이 낮은 대학 학생들을 보면 무조건 깔보고 드는 그만큼 자신의 대학서열보다 높은 대학을 바라볼 때는 자연스레 열등감을 느낀다. 예를 들어, 학과 동기가 갑자기 안 보이다가 다른 학교, 그러니까 서열이 높은 대학에 반수든 편입이든 해서 들어갔다고 치자. 그 소식을 듣는 순간, 십중팔구 '부럽다'는 생각과 함께 열등감을 느낀다.

이처럼 대학서열이 남을 판단하는 절대적 기준으로 되면서, 이는 양날의 칼이 되어 필연적으로 우월감과 열등감을 동시에 갖게 만든다. 낮은 대학에 다니는 사람들을 상대로 우월감을 가졌을 때는 "공부 안 한다, 게으르다, 머리가 나쁘다, 천박하다, 천성이 안 좋다" 등의 말을 서슴지 않지만, 한편으로 더 높은 서열의 대학에 다니는 누군가에게는 자신이 바로 그런 말의 피해자가 될 수 있다는 걸 잘 알고 있다. 그런데도 그런 무시와 멸시 자체가 잘못됐다고는 문제제기를 하지 않는다. 이들의 생각으로 그건 따질 수 없는 일이며 그렇게 당하는 것도 어쩔 수 없다는 거다. 그러면서 항상 이렇게 조용히 읊조릴 뿐이다. "제가 수능을 좀 망쳐서요……."

이렇게 우월감과 열등감을 동시에 느끼기에, 자신이 선택한 대학이지만 이 학교'밖에' 못 간 것을 아쉬워하는 방어적인 태도가 나오는 것이다. "그 정도밖에 못 갔어?"라는 멸시에 먼저 대응하기 위해서 말이다. 이들은 어떤 상황에서도 '억울해야' 한다. 이때의 억울함이란 물론 잘못된 구조에 대한 분노가 아니다. 열등감이란 감정에 대한 억울함이다. 그래서 이러한 열등감을 무마해보고자 여러 구차한 방어술을 사용한다.

예를 들어 서강대에는 "정시전형으로 서강대 온 애들은 원래 서강대 올 만한 애들이 아니다. 충분히 연세대, 고려대 갈 수 있는데, 수능 못 봐서 온 애들이다"라고 말하는 학생들이 적잖이 있다. 그러면서 "나는 서강대가 원래 어디에 있는지조차 몰랐다"는 한탄이 이어진다. 과연 사실일까?

당연히 이들이 몰랐다고 하는 것은 십중팔구 거짓말이다. 한국사회의 광적인 입시문화를 생각할 때, 이들이 고교시절 동안 서강대를 접하지 않았을 가능성은 제로에 가깝다. 하지만 "원래 내 수능점수는 이 정도가 아니었다!"는 말을 어떻게든 하고 싶어서, 아는 것도 몰랐다고 하는 것이다. 왜일까? 이들은 수능성적과 그것을 기준으로 한 대학서열을 가지고서 타인을 평가하는 것이 (상당 부분 비논리적인 고정관념에 근거하고 있음에도 불구하고) 합리적이고 공정하다고 생각하기 때문이다. 마치 비정규직 전환 요구 문제 등의 사회적 이슈에서도 차별이 당연하다고 생각했듯이 말이다. 그렇기에 직접 이 논리를 반박하지는 못하고 스스로 주눅이 들어 저런 변명을 하는 것이다.

어두운 수능의 추억

그런데 이십대들이 정말로 처음부터 수능배치표대로 서열이 '칼

3장 괴물이 된 이십대의 자화상

같이' 나뉘는 것이 옳다고, 그 기준이 절대적이라고 여겼을까? 그렇지 않다. 조사를 해보면, 누구든지 다들 입시교육의 문제점에 공감하고 있고 수능배치표에 따라 적성이나 희망과 무관하게 들어갈 대학이 결정되었던 경험을 어둡게 기억하고 있다. 이들은 수능점수와 배치표를 단순 비교하여 "여기쯤에 지원하면 되겠다!"라고 말하는 걸 상담이라고 하는 고등학교 교사들에 실망하고 넌더리를 냈다. 교사들은 당사자가 합격할 수 있는 선에서 최대한 등급이 높은 곳에 지원을 하게끔 한다. 여기에 재능? 적성? 그런 건 없다. 조금이라도 서열 높은 대학에 보내, 학생지도가 좋았다는 평가를 받는 게 우선이기 때문이다. 이십대들은 이런 학창시절을 가슴 아프게 기억하고 있었다. 과제물로 받았던 한 학생의 에세이에는 어쩔 수 없이 수능성적에 따라 대학에 진학한 학생의 진솔한 감정이 잘 담겨 있다.

나는 경제학과를 2005년에 입학했다. 당시 나는 연세대 인문대와 서강대 경제학과를 지원했었는데, 이것은 분명히 나의 선택이었다. 그렇다. 솔직히 말하면 나는 점수에 맞추어 전혀 다른 성격의 두 개의 학과(경제학과 인문학)을 지원한 것이다. 그렇다면 무엇이 나를 이렇게 선택하게끔 했을까? 대학을 6년째 다니면서 이러한 고민은 처음 해본다. 아마도 많은 이들이 나처럼 점수에 맞추어 대학을 지원했을 것이다. 대학배치표는 수험생들을 위해 일종의 사회적인 합의가 대학교와 학과들을 순위를 책정해준 것이다. 이렇게 보면 대학서열화는 참으로 편리하고 유용한 정보이지만 학과가 평생의 직업과 더 나아가 인생을 결정할 수 있는 변수라는 것을 인정한다면 참으로는 위험한 발상이 아닐 수 없다. 나는 그 위험을 무릅쓰고 점수에 맞추어 서강대 경제학과를 지원했다. 왜냐하면 수능점수가 아까웠기 때문이다. 나에게 있어 수능 점수는 475점 어치의 '상품권'과 같았다. 상품권은 그 범위 안에서 물건을 살 수 있지만 거스름돈은 주지 않는다. 우리가 10만 권 상품권을 가지고 쇼핑을 할 때, 어떻게든 10만 원을 다 쓰려고 노력하듯, 나 역시 나의 475점을 어떻게든 남김없이 다 쓰려고 했던 것이다. 당시 나는 수능점수가 재수까지 해서 힘들게 획득한 상품권이라 생각했고 그것을 내가 살 수 있는 최대의 가격표가 붙어 있는 서강대 경제학과와 연세대 인문학과에 사용했다. 손해 보기 싫은 그 심리, 남들이 7만 원짜리 상품권으로 살 물건과 내가 10만 원짜리 상품권으로 살 물건이 같으면 손해라는 그 심리가 나를 이곳으로 오게 만들었다. 그것이 정말 내가 원하던 물건이 아니었음에도 불구하고 말이다. 사실, 나는 400점짜리 상품권으로 살 수 있는 다른 대학의 '영화학과'를 무척이나 가고 싶었다.

이 사례는 오늘의 대학생 모두에게 적용될 수 있는 이야기일 것이다. 수능점수는 이처럼 개인의 꿈을 손쉽게 '꺾어'준다. 혹은 꿈을 '맞춰'주기도 한다. 예를 들어, 경영학과에 가고 싶었던 한 친구는 점수가 만만치 않자, "그렇다고 다른 대학을 지원할 수는 없고", 그래서 같은 대학 내에서 그래도 이름이 꿀리지 않는 신문방송학과를 선택하고, 그때부터 난생 처음으로 PD라는 직업을 가진 자신의 미래를 꿈꾸기 시작한다. 수학교사가 너무나 되고 싶었던 한 학생은 상명대 수학교육과를 가고자 했지만 입시상담교사가 "너 이 높은 점수로 그 대학 가는 건 미친 거다!"라고 협박을 해서 결국 서강대 수학과로 진학한다. 그 교사는 그 대학에 가서도 충분히 교사가 될 수 있다고 했지만, 그 학생은 결국 학과정원 대비 10% 남짓한 인원만 뽑는 교직과정에 선발되지 못해 다시 교육대학원을 준비중이다. 이 학생은 "사람 미래를 그깟 종이 한 장을 근거로 판단하는 게 말이 되나요?"라면서 흥분했다. 이처럼 이십대들에게 '수능배치표'는 그리 좋지 않은 기억으로 남아 있다.

학생들을 대상으로 4년간 입시 경험에 대해서 조사해보니 무려 78%가 수능배치표와 자신의 관계를 '비합리적인 강요'의 측면에서 이해하고 있었다. 사실 수능성적에 맞는 학교를 '강제로' 골라주는 모습을 긍정적으로 기억하는 게 더 이상할 일이다.

하지만, 그럼에도 불구하고 현재 이십대 대학생들의 일상은 이 수능배치표에 너무도 강고히 얽매여 있다. '서연고 서성한 중경외시…'로 암송되는 서울권 20개 대학의 배치표 순위가 이들의 삶을 지배한다. 그 배치표에서의 위치야말로 자신의 현 사회적 위치를 보여주는 '객관적인' 지표이다. 과거의 기억이 어떠했든, 현재 이들이 자기계발 시대를 살게 된 이상 그 기억은 이렇게 재구성된다. 수능배치표가 부여한 점수차는 타인과 자신을 구분·구별·차별해주는 객관적인 숫자가 된다. 그것은 '별 것 아닌 숫자'가 아니라, 한 인간이 '시간을 얼마나 성실하게 사용했는가'를 증명하는 지표이다. 자신의 경쟁력을 드러내고 강조하기 위해 포기할 수 없는 숫자인 것이다. 그렇게 지푸라기라도 잡아야 되는 상황이다. 노력과 시간관리 등을 강조하는 '자기계발 논리'는 이들이 처한 절박한 상황에서 수능점수의 '가치'를 당당히 증명해준다.

학력위계, 끌어 내리기와 밟아 오르기

미국의 사회평론가 더글러스 러시코프가 쓴 『보이지 않는 주인Life inc』(직역하자면 '인생주식회사')은 저자 본인의 에피소드를 시작으로 '기업화된 인간'의 모습을 추적한다. 크리스마스 이브, 자신의 아파트 앞에서 권총을 든 강도에게 모든 것을 빼앗긴 저자는 이 사실을 아파트 인터넷 커뮤니티에 올린다. 하지만 주민들의 안전을 위한 선의의 이 행동은 다음의 피드백으로 종료된다. "당신은 동네 이름을 공개하면 부동산 가격이 떨어진다는 것을 몰라? 안 그래도 부동산 시장이 어려운데 말이야!"[18]

이런 에피소드는 한국에서도 매우 익숙한 장면이다. 물론 자기 동네에 쓰레기 매립지 같은 기피시설이 들어오는 걸 반대하는 '님비현상'은 흔한 일이다. 하지만 요즈음은 임대주택 단지가 입주한다고, 장애인 관련 시설이 들어선다고 주민들이 '집값 하락 책임져라'는 피켓을 들고 시위를 하지 않는가. 심지어 아파트 단지 내에 살인 사건이나 자살 사건이 일어나도, 혹은 성폭행 사건이 일어나도 집값 하락을 걱정하며 쉬쉬하기도 한다. 어느새 '집값'이 모든 가치 판단의 기준이 되어버린 것이다. 그래서 집값이 떨어질지도 모르는 일을 결코 두고 보지 않는다.

이십대 대학생들에게 '수능점수'는 이런 부동산 가격과 흡사하다. 그것을 바탕으로 객관적이고 합리적인 서열의 기준이 마련된다. 이들은 자신의 위치를 수능배치표에서 정확히 확인하고 이에 근거하여 행동을 한다. 그리고 이 서열에 미세한 균열이 일어날라치면, 대학생들은 자기 '위치 값'을 지키기 위해 발버둥친다. 집값 하락을 어떻게든 막겠다는 주민들처럼 말이다.

2013년 대학입시 때 인터넷 공간에서 화제가 된 '644 숭실대 사건'을 한번 보자. '644'는 수능시험에서 언어/수리/외국어 등급이 각각 6등급/4등급/4등급이란 말인데, 누군가 이 등급으로 숭실대 합격 예비순서를 "11번으로 받았다"고 밝히면서 일이 불거졌다. 11번이면 사실상 합격인 셈인데, '644' 등급은 통상적으로 숭실대에 들어갈 수 있는 성적이 아니었던 것이다. 그래서 네티즌들은 숭실대가 "알고 보니 수능점수가 지방 변두리 대학에도 못 미치는 그저 그런 대학"이라면서 각종 패러디들을 남발하기 시작했고, 숭실대 학생들은 그 일이 엄청난 우연임을 증명하기 위해 각종 자료들을 동원하면서 학교의 실력이 생각보다 괜찮다는 것을 보여주려고 안달이었다. 이 와중에 한 네티즌이 '755' 등급으로 숭실대에 합격했다는 글을 허위로 올렸는데, 무려(!) 학교측에서 그런 경우가 없다고 직접 해명하기까지 했다.

이 에피소드를 어떻게 해석해야 할까? 아마 숭실대생들은 자신들이 학창시절 노력해서 얻은 결과물인 '대학이름'이 어느 순간, 여태껏 자신들이 대학으로 취급조차 않던 지방의 대학들과 함께 거론되는 일에 분노를 느꼈기에 그렇게 반응했을 것이다. 그리고 다른 한편의 사람들은, 숭실대가 무늬만 '인서울'이지 사실은 지방대급이라며 상대적 우월감을 느꼈을 것이다. 숭실대보다 서열이 높은 대학의 학생들은 자신들의 위치를 넘볼 상대를 완전히 자빠뜨려 일종의 안도감을 느꼈을 것이고, 숭실대보다 서열이 낮은 대학의 학생들은 자신들이 제쳐야 하는 저 위쪽 대상의 추락에 은근히 흡족했을 것이다.

코미디 같은 소동이지만 그 뒷맛은 매우 씁쓸하다. 누구나 자기계발을 해야 하는 시대를 살아가는 이십대에게 '대학이름'이란 자신의 긴 인생에서 보면 한낱 최초의 자기계발 결과물일 뿐이다. 그

3장 괴물이 된 이십대의 자화상

러나 이 첫 업적(?)은 타인을 평가하는 확고한 기준이 되고 있다. 세상은 경쟁을 최고의 원리로 만들어놓고는 제대로 경쟁할 기회조차 주지를 않으니, 기회를 얻고 선택받기 위해선 아무리 사소한 차별적 우위점이라도 이를 최대한 활용해야 하는 것 아니겠는가. 자기계발의 전도사 중 하나인 공병호도 "세계에서 자신을 보호해줄 수 있는 것은 조직이나 국가가 아니라 바로 자신이며, 그 누구도 자신을 대체할 수 없는 사람으로 만들어야 한다"고 말한다. 그러니 학력에 따른 차별은 당연한 것이다. 어쨌든 '저 친구보다 내가 더 나은 존재'임을 증명해야 하는(자기계발서가 강조하는 바로 그것!) 사회에서, 이들은 타인과의 작은 구별점 하나도 절대 그냥 넘어가지 않는다. 상대를 깎아내리려는 강한 동기는 여기에서 나온다.

여기서 '낮은 위치'로 말미암아 피해를 당하는 것은 그 사람의 자업자득으로 규정된다. 그래서 "제가 공부를 정말 잘했다면 서울로 갔겠죠. 내 능력이 이것밖에 안 되니까 이 대학에 온 겁니다. 화는 나지만, 제가 어떻게 할 수 있는 게 아니잖아요?"[19]라며 '당한 쪽'도 당연한 듯 수긍한다. 가해자에겐 죄가 없고 피해자가 문제인 상황에서, 이십대 대학생들은 아무 죄책감 없이 타인을 마음껏 깔보면서 우월감을 느끼고 경쟁시대에서의 불안을 조금이나마 '심리적으로' 해소한다. 물론 이런다고 이십대가 처한 '불안의 근원'이 개선될 리는 없다.

'남들보다 성공하라!'는 자기계발의 시대에, 노력한 만큼의 성공이 보장되지는 않는다 해도 자신보다 아래에 있는 사람을 어떻게든 누르는 것은 가능하다. 다른 이보다 '위'에 있다는 걸 확인하기 위해, 이들은 서열에 예민할 수밖에 없다. 이른바 개인의 '신분 상승'이 실현되기 힘든 세상에서, 적어도 자기 노력의 결과가 평가절하되는 것만큼은 반드시 막아야 하는 것이다. 같은 이유로, 남의 추락은 마다할 이유가 없는 일이다. 그래서 남의 결점은 작더라도 부풀려 보게 된다. 견고한 서열이 균열을 보이는 기회를 놓쳐서는 안 되기 때문이다. 그렇게 '644 숭실대 사건'은 자기계발의 시대를 살아가는 이십대들의 보편적인 한 특징을 상징적으로 보여주었다.

상품화된 개인, 그런데 '팔리지 않는' 개인

자기계발서를 한 번이라도 읽어본 사람이라면 누구나 그 책들이 개인의 개성을 사회적 기준에 맞추기를 강요한다는 느낌을 받았을 것이다. 그 강요는 주로, 사회가 원하는 인재상이 이러저러하니 평소 거기에 맞춰 잘 준비하라는 차원에서 이뤄진다. 다이어트 해라, 밝게 웃어라, 심지어는 성형도 불사해라, 남이 화를 내도 참으라는 등 갖가지 주문이 나열된다. 이 모든 것은 '가장 상품성 있는 사람이 되어야 한다'는 논리로 정당화된다. 그런데 문제는 그렇게 시키는 대로 상품성을 갖추었는데, 판매는 잘 되지 않는다는 사실이다. 이 현상이 장기화될 때, 그에게는 어떤 변화가 나타날까?

그 답은 학교의 이미지에 유독 신경 쓰는 대학생들의 모습에서

3장 괴물이 된 이십대의 자화상

일정 부분 찾을 수 있을 것 같다. 예전에 서강대 일부 학생들이 자신들도 '연고전'처럼 무엇인가 학교의 결속력을 다지는 일이 필요하다며 성균관대·한양대 등과 체육대회를 추진하자는 논의를 한 적 있다. 하지만 많은 학생들이 "자존심도 없느냐!"면서 분명한 반대 의사를 표명했다. 대구가톨릭대와 교환학생을 추진할 때도 마찬가지 반발이 있었다. 의대가 있는 가톨릭대와 통합을 논의해야 한다는 주장에 대해, 학생들로부터 수능성적이 더 높은 서강대에 전혀 이득이 없다는 점을 근거로 강력한 반발이 있었다.

소설가 공지영이 『더 이상 아름다운 방황은 없다』에서 한 표현을 빌리자면, 80년대 학생들은 "연·고대라는 타이틀로 사람이 평가받는 것이 싫어서 그 뱃지를 한강물에 던져버리고자 했고" 지금은 이를 노골적으로 유지하려 한다. 물론, 80년대의 저 '겸손한 태도'는 오히려 연·고대생, 연·고대 출신이라는 사실만으로도 보장되는 것이 워낙 많았기에 가능했다. 하지만 지금은 그것만으로 상품 매대에서 무조건 팔린다는 보장이 없다. 이런 상황에서 '나'라는 상품이 '저가품'과 동급이 된다는 것을 결코 받아들일 수 없다. 그렇게 대학생들에게 대학의 이름값은 중요한 것으로 받아들여진다. 이건 흔히 말하는 '모교 사랑'과는 아무 관련도 없다.

지난 2010년 성추행 추문이 불거진 ○○대 동아리 사건을 한번 보자. 이 사건의 개략은, 해당 동아리에서 선·후배 간의 예의문제로 다툼이 일어났는데 선배 쪽에서 후배의 신상을 인터넷에 올렸고 그

와중에 "동아리에 상습적인 성추행 문화가 있다"는 피해자 쪽의 주장이 세상에 알려진 것이었다. 물론 진위여부를 지금 따지자는 게 아니다. 중요한 것은 이 사건에 대한 해당 대학 학생들의 반응이다. 이 사건은 애초 학내에서 이야기되던 게 아니라 제3자의 개인블로그를 통해 공개되면서 DAUM 아고라·디시갤러리 등에서 알려졌고, 그 대학 학생들 일부가 이를 나중에 접하며 흥분하기 시작했다. 그런데 이 흥분의 결이 특이하다. 그 학생들이 화를 냈던 지점은 그런 사건 자체가 아니라 그런 일이 외부에 알려진 데 있었다.

　　이제는 오프라인에서까지 회자되고 있는 상황입니다. 언론사에서도 관련 기사를 내놓겠다고 했으니, 조만간 언론에 뜨면 ○○대학교의 명예는 △△대 사건을 추월하여 떨어질 것이겠죠. 이것만 해도 용서할 수 있는 일이 아니죠. 게다가 △△대 사건은 일개 또라이 1인의 발정이 일으킨 해프닝이라고 할 수 있지만, 이 경우는 조직적 집단행동이 되어 ○○대 전체의 명예를 추락시킬 일입니다.

　　○○대 커뮤니티에 올라온 이 글의 내용처럼, 학생들의 목소리가 커지자 해당 동아리는 학교에 대자보를 붙여 해명하기에 이르렀다. 이때 정말 뜻밖의 반응이 나타난다. 커뮤니티에 "대자보 잠시만 떼면 안 될까요? 동아리에 부탁합니다"라는 글이 올라온 것이다. 대

체 무슨 이유에서였을까? 그 해명이 잘못되었기 때문에?

뭔가 복잡한 사연이 얽혀 있는 것도 알겠고 졸지에 나쁜 놈으로 몰려 두드려 맞는 게 억울한 것도 알겠지만요. 5만 명의 수험생이 ○○대를 방문하는 이번 주말 동안, 대자보를 보고 그들이 무슨 생각을 하며 또 어떤 buzz가 퍼져나갈지, 우려됩니다. 동아리 학우 분들께 부탁드립니다. 대자보 잠시 철거했다가 월요일에 다시 붙여주시면 안 될지요? 어차피 학우들을 상대로 쓴 것이고, 내일은 휴강이며 주말에는 많은 학우들이 학교를 찾지 않으니, 붙어 있을 명분도 그리 크지 않은 것 같은데요.

핵심은 수시전형 기간이라 많은 외부인들이 학교를 방문하니까, 혹시나 학교 이미지가 '더럽혀질 수' 있으므로 대자보를 떼어달라는 것이다. 여기에서 사건의 진상은 일단 나중 문제다. 오직 '학교 이미지'가 하락하는 것을 걱정할 뿐이다. 결국 최초에 이 문제를 공론화시킨 피해자에게로 화살이 날아간다. "피해자분도 네이버에 너무 섣불리 올리신 거 같네요. 물론 불미스런 일이 발생되었지만 너무 부풀려져 학교가 욕먹는 걸 보고 있자니 맘이 안 좋네요"라면서.

나는 이 문제 발생 당시 때마침 해당 대학에서 강의를 하고 있었다. 그래서 이 문제를 학생들 사이에 직접 공론화시켰고 말 그대로 피 터지는 토론을 했었다. 많은 학생들이, 좀 부끄러운 건 사실이지만 외부로부터 평가받는 이미지가 훼손되는 것이 어쩔 수 없이 걱정된다는 반응이었다. 이유인즉, 힘들게 공부해서 이 대학에 진학했고 이 학교의 서열을 기본으로 이것저것 스펙을 더해 취업시장에서 상품성을 갖추기에 바쁜 상황이고, 그 결과도 불확실하여 불안한데, 학교서열이 일순간에 대외적으로 흔들릴 수 있는 상황을 걱정하는 건 당연하다는 것이다. 핵심은 간단했다. 결국, '우리 학교 이미지 떨어지면 네가 책임질래?'

주목할 지점은, 여기 등장하는 학교 이미지에 예민한 대학생들이 막상 학교를 고를 때 고려한 것은 이런 '부차적 변수'가 전혀 아니었다는 사실이다. 이들은 '수능점수'에만 모든 기준을 맞추어서 학교를 선택하지 않았던가. 그러니 이런 우려 섞인 반응을 하는 것은 그것이 학교서열에 정말로 영향을 줄 변수라서가 아니다. 단지 '불안'하기에 나타난 반응일 뿐이다. 이들은 "○○대에 대해 좀 이상한 말이 있더라. 거기 학생들도 그러하겠지"라며 행여 누군가가 자신을 평가절하할까 봐 두려운 것이다. 학교의 이미지 하락으로 내가 덩달아 피해볼지 모른다는 생각에 이들은 흥분하는 것이다.

제3자의 입장에서 보면 이들의 걱정은 분명 과잉된 것이다. 상식적으로, 저런 일이 수능 커트라인에 변화를 줄 리는 없다. 그러니 이 반응들은 '상품화된 개인'으로서의 어떤 집착을 잘 보여주는 사례라 할 수 있다. 어떤 흠집도 없이 조금이라도 더 잘 팔릴 상품이 되기 위한 집착 말이다.

이즈음에서 석준이 이야기를 해볼까 한다. "수능당일의 컨디션 난조"를 늘 강조하는 석준이는 지금껏 설명한 '이십대 대학생들'을 잘 대표한다. 전봇대에 붙어 있는 과외홍보 전단지를 보면 늘 '학교 이름'부터 확인하는 석준이는 주변 사람들에게 "연세대 심리, 고려대 국제어문 갈 바에는 서강대 경영을 선택했다"라고 강조하면서 혹시라도 오해하지 말라고 늘 당부한다.

당연히 석준이는 주변사람들이 학교'만'을 물어도 "서강대 경영학과"라면서 학과'까지' 친절하게 답하는 것을 잊지 않는다. 굳이 그럴 필요가 없어도 악착같다. 교수가 수업시간에 "몇 학번이지?"라고 물어도 "경영학과 07학번입니다"라고 대답한다. 이유는 혹시나 다른 사람들이 자신을 서강대 종교학과 정도의 수능점수로 볼까 봐 두려워서다. 석준이는 '서강대'라는 타이틀만으로는 자신의 노력에 대한 보상이 온전히 이루어지지 않는 느낌이다. 그저 '서강대 학생들'로 일반화되기에는 자신은 서강대 중 "수능성적이 가장 높아야" 입학할 수 있는 경영학과 학생인데 뭔가 2%가 부족한 느낌이다. 그래서 석준이는 "우리 학과 오려면 수능 몇 점 받아야 되는지 알아?"라면서 늘 당당하다. 아니, 그렇게 당당해야 한다는 강박관념을 갖고 있다. 그런 석준이가 서울대·연세대·고려대가 아닌 다른 대학의 경영학과 학생이나, 경영학과가 아닌 다른 서강대 학생들을 만나면 어깨에 힘부터 들어가는 건 당연한 일이었다. 석준이는 자기 학과가 학교 내에서 수능점수가 높으니까 프라이드가 있느냐는 질문에 이렇게 과감하게 말한다.

"그런 거 많지요. 경영학과 친구들은 공공연하게 철학과 애들 개무시하고 그러지요. 저도 그래요. 조모임 같은 거 할 때, 철학과, 사학과 그런 친구들이 뭐라고 그러면 그냥 되게 웃겨요. 개뿔도 모르면서 입만 살았다는 느낌 같은 거랄까요?"

"왜 그렇게 무시하냐?"고 다시 묻자, "그거야 당연하죠. 솔직히 말해, 철학과는 겨우 서강대 턱걸이 한 거죠. 그런데 경영학과는 솔직히 학과만 아무렇게 골랐으면 연세대도 충분히 가능해요"라고 쉽게 상황을 정리한다.

또, 석준이는 학교에서 수시 전형으로 합격한 사람들을 무시하기 일쑤다. '수시충'이라면서 공공연하게 비하하기도 한다. 다른 학교 학생을 만났을 때 자신감 있게 "어느 학교 다니세요"라고 묻는 것처럼, 학과 친구들을 만나면 정시 출신인지 수시 출신인지를 묻는다. 그러면서 "수시생들은 대학입시의 힘든 점을 모르지"라면서 상대적으로 수능성적 비중이 낮은 수시 전형을 무시한다. 특히나 재외국인 전형, 사회통합 전형, 가톨릭 전형 같은 특별전형으로 입학한 학우들을 낮춰본다. 이유는 "그런 전형들은 수능점수처럼 공정한 잣대가 부족"하기 때문이다. 그런 생각에서인지 어느 대학에서는 지역균형 전형으로 들어온 학생들을 '지균충(蟲)'이라 부른다고까지 한다.[20] 석준이에게 수시 전형은 학교 수준에 미치지 못하는 실력으로도 운이 좋아서 입학이 가능한 경우에 불과하다. 따지자면 자신은 서강대의 '성골'인 셈이고, 수시합격생들은 같은 학교를 다니고 있지만 '6두품' 정도인 것이다.

이런 석준이가 후배들을 만나도 정시생인지 수시생인지를 묻는 건 당연한 일이다. 아울러 같은 정시입학자라도 하더라도 해당년도 커트라인이 수능 상위 몇 %였는지를 확인하면서 "올해는 수능이 좀 쉬웠지. 내 때에는……" 하며 부연설명을 덧붙이고는 한다. 이렇다 보니 최초합격자나 대기번호 받은 합격자, 혹은 그것조차 받지 못한 최종합격자 등의 구분 역시 중요하다. 최초합격자 석준이는 대기번호도 없었다가 나중에 앞자리 합격자가 다 빠지고 들어온 친구를 놓고서, "저 친구와는 수능점수 차이가 상당하다"는 걸 말하기 좋아한다. 그것도 입학한 지 6년이 지난 지금까지 말이다.

이처럼 석준이는 스스로의 위치를 지켜내고자 타인을 밀어내는 데 안달이 나 있다. 그렇기에 합격순서에도 레벨이 있고 예비번호를 받아도 등급이 있음을 강조한다. 그리고 수능점수가 좀 더 반영되는 정시모집 합격자로서, 논술·면접·포트폴리오 등이 상대적으로 더 반영되는 수시모집 합격자들과 어떻게든 구분되고자 한다. '수능점수'가 더 나은 시간관리를 구분해주는 공정한 잣대라고 생각하기 때문이다.

이런 석준이의 행동은 자신이 수능성적을 잘 받아서 서강대 경영학과에 입학했다는 것을 자랑스러워해서가 아니다. 나는 석준이와

수시충, 편입충... 입학전형으로 서열화

정시생 > 편입생 > 수시생 > 지방 캠퍼스

(출처: 미디어카툰(www.metoon.co.kr)/김은영)

대학서열구조의 변태적 진화
대학생들의 학력위계주의는 같은 대학 내에서도 적용된다. 수시나 특별전형 같은 다른 관문으로
들어온 학생들은 하위 계층으로 취급된다. 지방 캠퍼스는 같은 학교로도 인정해주지 않는다.

여러 번 인터뷰를 하면서 그의 속내가 '경쟁에서 살아남아야 한다'는 강박에 찌들어 있음을 알 수 있었다. 결정적으로 석준이는 경영학과 동기들을 친구나 동료로 보지 않았다. 자신보다 더 노골적인 '경쟁의 전도사'가 되어 매순간을 내달리는 동기들의 '속도'와 이를 독려하는 교수들의 '압박'에 석준이는 숨이 막힐 지경이 되어 있었다. 그래서 친구관계든 공부든, 학과생활에 잘 적응하지 못하고 있었다. 물론 석준이의 제일 큰 고민이야 코앞에 다가온 취업이다. 그래서 그 취업에 가장 유리하다는 경영학과에서 어떻게든 버티기를 할 뿐이다. 그리고 대외적으로는 그 유리함을 사수하기 위한 여러 전략들을 모색하고 있다. 마치 '홍보대사'라도 된 양, 경영학과의 우월함을 강조하는 것은 그렇게 현재의 위치를 지키기 위한 두려움에서 시작된 행위이다. 자기계발은 강요하면서 그 결과의 빈곤함에 대해서는 그 누구도 따지지 않는 이 사회에서, '자신의 특별함'을 최대한 드러내야 한다는 강박이 이런 두려움을 빚어내고 있었다.

이 특별함을 드러내기 위한 한 방편으로, 대학생들에게 원죄처럼 달라붙어 있는 "너 점수 맞춰서 왔지?"라는 색안경에 대한 '차별화 전략'도 나타난다. 그건 "적성 맞추어서"에 강세를 두고, "점수 맞추면 다른 대학 갈 수도 있었지만 그걸 버리고" 이 집단에 있음을 강조하는 모습이 바로 그렇다. "수능을 망쳐서……"라는 언급도 여기서 단골로 등장한다. 이 과정에서 자신을 제외한 나머지들을 "아무렇게나 학과를 골라서 온" 경우로 매도하는 건 어찌 보면 당연한 수

순이다.

이런 강박감은 석준이의 '패션감각'에도 영향을 미친다. 그는 단지 '옷'에 불과한 학교 야구잠바를 입고 안 입는 문제에서도 학력위계주의 세대의 예민한 특징을 십분 보여준다. 석준이는 학교 이니셜이 새겨진 잠바를 입지 않는다. 그건 자신에게 학교 이름이 전혀 긍정적인 의미가 아니기 때문이다.

> 예전에 버스에서 상명대라고 쓰여 있는 야구잠바를 입은 사람을 봤는데 참 대단해 보이더라구요. 나 같으면 창피해서 절대 안 사고 절대 안 입을 건데…… 연세대 애들 봐요. 개네들 백팩 안 맨다 말이죠. 야구잠바 입고 백팩 안 맨다 이거지요. 다 옆으로 매는 가방 맨단 말입니다. 딱 그 연세대 그 글자 보여주려고. 그런데 서강대는 자랑스러운 것은 아니잖아요, 솔직히. 저는 이 학교가 자랑스럽지는 않아요. 그렇다고 쪽팔리는 건 없는데 (…) 서강대가 그만큼 저에게 가치 있지는 않다 이거지요. (…) 저는 서강대 잠바를 입음으로써 행복감을 느끼는 것도 아니고, 자랑스러운 것도 아니고, 힘이 나는 것도 아니란 말이에요. 그러니까 이런 긍정적 작용이 없으니까 굳이 입을 이유가 없는 거죠.

옷 하나에, 아니 정확히는 옷에 있는 '작은 이니셜'이 누군가에게는 이렇게 굉장한 의미를 지닌다. 그래서일까? 석준이는 애초 자신

3장 괴물이 된 이십대의 자화상

이 원했던 대학의 잠바를 보면 스스로가 초라해진다. "근데 보면 멋있다는 생각이 드는 걸 어떡해요. 야구잠바에 '연세대' 쓰여 있으면 그저 잠바가 빛이 나요. 나는 왜 저걸 못 입었나 하는 생각도 들고요"라면서. 하지만 자신을 향할 때 초라한 기분이 들게 하는 그 잣대가 다른 사람을 향할 때는 여타 학교를 무시하는 확실한 근거로 전환된다. 자신은 수능점수가 '낮아서' 연세대 잠바를 부러워하지만, 동시에 수능점수가 '높아서' 서열 낮은 대학 학생들이 야구잠바를 입는 것은 비꼰다.

학교 이니셜이 적힌 야구잠바는 2010년을 전후해서 대학가에 심심치 않게 등장하고 있는데, 여기서도 오늘날 대학생들의 중요한 특징을 엿볼 수 있다. 많은 학과에서 매해 신입생이 들어올 때마다 단체로 '과잠(학과 잠바)'을 제작하곤 한다. 마치 교복처럼 말이다.

개성을 중요시하고 패션에 신경 쓰는 20대들이 왜 똑같은 야구잠바 입고 다니는 걸 즐길까? 흔히 어디 소속되는 걸 싫어하고 개인화됐다는 이십대들이? 불과 몇 년 전만 해도 대학생들은 1년에 몇 번 없는 MT 혹은 체육대회에서나 티셔츠를 맞춰 입었을 뿐이다. 일상복으로 유니폼을 입는 경우는 체육학과 친구들 정도였다. 학교의 기념품 가게에서도 '학교 티'보다는 '아이비리그 후드티'를 더 많이 팔곤 했었다. 그러나 불과 몇 년 사이에, 유행처럼 대학생들이 '단체 과잠'을 입고 있다. 대학의 '과잠'이 마치 그 개인의 현재 가치를 보여주는 소품으로 기능하는 것이다. 한 서울대 학생은 이렇게 캠

'과잠' '야구잠바'의 사회학

2000년대 중반부터 대학가에서는 학교와 과 이름을 새겨놓은 야구잠바를 단체로 맞추는 것이 유행이 되었다. 개인적으로 입고 다니다 이제는 아예 학생회에서 디자인과 구입을 담당한다. '과잠'을 입는 것은 내부적으로는 소속감과 동질감을 얻으려는 목적도 있지만, 외부적으로는 자부심과 우월감을 드러내는 기능을 한다. 잠바에 새겨진 학교와 과 이름은 이십대들에겐 자신의 현재 위치를 알려주는 '계급표'이기도 하다퍼스의 변화를 묘사한다.

> 3년 사이에 서울대 풍경은 급변했다. (…) 대학 건물 사이사이
> 로 서울대 이니셜이 박힌 점퍼를 입은 학생들이 출몰하는 광경
> 은 너무도 생경했다. 최소한 몇 년 전까지 서울대라는 학벌은
> 누군가를 밟고 올라선 부끄러운 '주홍글자'였고 그래서 학생들
> 은 내심 학벌경쟁의 승자임을 자랑하고 싶더라도 서울대를 드
> 러내는 옷을 걸치고 다니는 것을 어색해했다.[21]

근자의 이런 현상은 동문들끼리 끈끈한 정이 부활해서도, 구성원
들끼리 연대감을 느끼기 때문도 아니다. 동문들이 서로 자기들끼리
밀어주고 끌어주는 과거의 '학벌' 행태와도 결이 완전히 다르다. 이
들의 학교 이름 드러내기는 단연코 자기들과 다른 이를 구별 짓고
'밀어내기 위한' 욕망에서 비롯된 것이다. 그래서 이들은 서열 낮은
대학 학생들이 야구잠바를 입으면 매우 무시하는 것이다. 어느 대
학 경영학과의 인터넷 게시판에 올라온 글이다.

> 그거 입고 서울 시내나 집근처까지 돌아다니는 건 좀 그렇지
> 않나요? "난 무슨 대학 무슨 과 몇 학번이다" 하고 그냥 광고하
> 고 다니는 것과 똑같은 격이잖아요. 야구잠바 입고 돌아다니는
> 게. 소위 말하는 사회에서 대우가 좋지 않은 별 볼일 없는 대학

학생들이 대학명을 적힌 야구잠바를 입고 시내를 활보하는 것을 보면 자기 자신을 "그 대학수준과 똑같은 5류로 보아 주세요"하는 걸까 아니면 아무 생각이 없는 걸까 하는 생각이 들기도 해요.[22]

이십대 대학생들은 야구잠바를 '패션의 영역'에서가 아니라, 어떤 신분증의 개념으로 이해한다. 내가 연구대상으로 만난 대학생의 65%가 학교가 아닌 곳에서 학교 야구잠바를 볼 때 '일부러' 학교 이름을 확인한다고 답했다. 학교 야구잠바가 신분 과시용 소품이라는 방증이다. 실제로 야구잠바를 입는 비율도 이에 따라 차이가 나서, 이름이 알려진 대학일수록 착용비율이 높았다. 낮은 서열의 대학 학생들이 학교 야구잠바를 입고 다니면 비웃음을 사기 십상이라 신촌으로 놀러오는 그쪽 대학생들은 자신들의 야구잠바를 벗어서 가방에 넣기 바쁘단다. 심지어 편입생의 경우엔 "지가 저거 입고 다닌다고 여기 수능으로 들어온 줄 아나?"라는 비아냥을 듣기도 한다. 이처럼 학교 야구잠바는 대학서열에 따라 누구는 입고, 누구는 안 입으며, 누구는 못 입는다. 다음은 충청권에 있는 한 대학의 학보에 실린 글이다.

요즘 학교 내에서 야구잠바(일명 과잠바)를 입고 다니는 학생들이 심심찮게 눈에 띈다. (…) 우리학교 야구잠바는 학교 마크가

3장 괴물이 된 이십대의 자화상

없다는 것이다. 마크는 물론이고 대부분의 학과에서 '○○○○○
○○○ Uni.'라는 로고도 쓰지 않는다. (…) 야구잠바에서 학교의
소속을 드러내고자 하는 의도를 '최소화'했다. 대개 대학의 야
구잠바는 등판에 대학명을 크게 쓰고, 작은 필기체로 학과명을
쓴다. 그러나 우리학교 야구잠바는 대학명을 아예 쓰지 않거나,
학과명을 크게 쓰고, 작은 필기체로 쓴다. (…) 우리 스스로 움츠
려들기 때문이다.[23]

사회적 차별이 강한 나라일수록 명품에 대한 집착이 과도하게 나
타난다. 값비싼 명품가방을 들고 다니면 최소한 경제적 부에 대한
고정관념에서 오는 무시는 피할 수 있기 때문이다. 그래서 형편에
맞지 않아도 과도한 소비를 통해 자기만족을 추구하는 문화가 생겨
나게 된다. 자신이 부족하단 걸 그대로 보여줄 경우, 온갖 편견에 가
득 찬 시선이 날아올 것을 잘 알기 때문이다. 야구잠바를 입지 못하
는 저 친구들도, 자신들의 학교 이름을 대놓고 드러냈을 때 어떤
'취급'을 받을지 잘 알고 있었을 것이다.

그렇지만 저 충청도 소재 대학의 학생들이 자신보다 수능배치표
에서 낮은 대학의 학생들을 향해 "우리 함께 이 더러운 학력주의 세
상을 이겨내자!"고 손을 내밀 거라고 생각하면 오산이다. 이 학력위
계주의 구조는 구성원의 적극적인 참여 없이는 유지되지도, 확대재
생산되지도 않았을 것이다. 누군가를 멸시했다고 멸시를 받지 않으

리란 법도 없듯이, 자신이 멸시당했다고 누군가를 멸시하지 않을
이유 또한 없는 법이다.

피해자이자
가해자가 된 이십대

오늘날의 이십대가 지니고 있는
'학력의 위계화된 질서'에 대한 과도한 집착은 단순히 과거의 학력
주의와는 분명 다른 것이다. 지금껏 한국에서 학력주의란 특정한
권력으로 기능하는 학벌(學閥)의 문제였다. 서울대 등의 소수 명문
대가 학벌을 바탕으로 사회적 요직을 독점하는 문제가 얼마나 심각
한지는 알려진 바 그대로다. "그 사람이 어느 대학 출신이죠?"[24]가
한국 사회의 일상적인 질문임은 부인할 수 없는 사실이고, 이 때문
에 많은 사람들이 상처를 받기도 주기도 한다.

그러나 제도화된 교육기관의 출신학교에 따라 이루어진 파벌을
의미하는[25] 학벌의 개념으로는 지금껏 보아온 이십대들의 모습을
설명해낼 수가 없다. 학벌이라는 개념에는 한국 사회의 집단문화를
읽어내는 중요한 키워드인 공동체성·연고주의 등이 연계돼 있다.
공동체성에 기반한 과거형 학벌은 그 집단에 속함으로써 얻을 긍정
적인 효과가 미래에 존재하기에 그 집단의 논리에 순응하는 것을

전제한다. 단지 동문이라는 이유로 서로 돕는 것은 그 대학을 나오면 웬만하면 취업할 수 있는 현실이 존재하기에 가능했다. 서로를 경쟁자로 볼 필요가 없으니 어깨동무가 가능한 것이다.

하지만 지금의 이십대는 '같은 학교 출신'이라는 이유로 선뜻 손을 잡아주지 않는다. 내 옆에 있는 친구가 같은 학교 학생이니까 서로 밀어주고 끌어주는 것은, 모든 것을 스스로 책임져야 한다는 자기계발 시대의 의식이 확고한 오늘의 이십대들에게는 도무지 어울리지 않는 일이다. '일단 나부터 살고 보자!'가 최우선하니 동문을 챙겨줄 여유도 없다. 게다가 학교이름 정도로 취업이 무난히 해결되던 그런 시대가 또 아니지 않은가. 그래서 오늘날에는 동문이란 이름만으로 뭉치던 학벌의 의미가 상대적으로 퇴색되었다.

그렇다고 학력주의 · 학벌주의가 사라졌을 리는 만무하다. 학교이름 하나로 내가 돋보이는 시대는 비록 저물었지만, 나와의 차별화를 위해 남을 '밀어내는' 전략으로는 여전히 유용하다. 그 전략은 상당히 치밀하다. 여기선 무턱대고 차별을 하는 것이 아니라 "저 친구는 객관적으로 능력이 부족하다!"는 식으로 나름의 설명이 필요하다. 그렇게 실질적 능력으로서의 학력(이 경우는 學力을 전반적인 역량 차원으로 확대해서 이해하는 것이다)[26]이 차이 난다고 강하게 주장하는 것이다. 필사적으로 나와 너의 차이를 증명하려는 이십대들의 모습은 우리가 앞서 본 대로이다. 그래서 같은 학교니까 하나로(이것이 좋다는 의미가 결코 아니다!) 여기기는커녕, '수능점수=객관적 학력'이라는 확신을 가지고서 같은 학교 내에서도 철저히 구별을 짓는 것이다.

과거엔 학벌이란 말에 공동체적 측면이 있었지만, 바로 그 점에서 학력위계주의는 약간 궤를 달리한다. 학벌이 형성돼 대학서열이 만들어지는 형태가 아니라, 그 존재하는 서열을 지킴으로 '학력'의 객관적 차이를 사회적으로 인정받고 싶어 하는 태도로 그 의미가 변형된 것이다. 특히나 대학교육이 보편화된 상황에서 대학이라는 것 자체가 '특별함'으로 인정받지 못하는 사회를 살아가는 대학생들은 그나마 확보한 위치의 작은 우위에 집착하게 된다. 그래서 약간이라도 자기 밑에 있는 사람들은 멸시하며, 그 우위가 흔들리는 걸 못 견뎌한다.

그런데 여기서도 짚어야 될 지점이 하나 더 있다. 학력주의의 결은 좀 더 미묘하다. 과거의 '과시용' 학벌주의는 '서울대 vs. 비서울대' '명문대 vs. 비명문대' '인서울 대학 vs. 지방대' 식의 구도였다. 여기서 학벌 담론의 핵심은 명문대생이었고, 주로 이에 대한 비판이 그 내용이었다. 그러나 이것이 '멸시용' 학력주의로 전환되었을 때 관심을 받는 쪽은 아마도 더 낮은 대학에 다니는 학생들일 것이다. '누가 과시하느냐'에서 '누가 멸시받느냐'의 문제로 넘어간다는 것이다. 하지만 이것이 단순히 멸시받는 이들을 마냥 위로하는 것으로 이어져서는 안 된다.

사실 이 지점에서 지금의 이십대가 어떤 모습으로서 이 사회에 존재하고 있는지가 가장 잘 나타난다. 멸시의 피해자들은 또 어떤

3장 괴물이 된 이십대의 자화상

지점에선 멸시의 가해자로 존재한다. 서울대생은 연고대생을, 연고대생은 서강대생을, 서강대생은 또… 그렇게 밑바닥까지 멸시의 고리는 이어진다. 그래서 멸시를 받는 쪽이라고 과연 누군가를 멸시하지 않는다는 말이냐는 질문에서 자유로울 수 있는 대학생 집단은 없다..

앞서 여러 경우를 통해 살펴보았듯이, 지금 대학생들은 '수능점수'의 차이를 '모든 능력'의 차이로 확장하는 식의 사고를 갖고 있다. 십대 시절 단 하루 동안의 학습능력 평가 하나로 평생의 능력이 단정되는 어이없고 불합리한 시스템을 문제시 할 눈조차 없는 것이다. 아이러니한 점은 본인이 당한 인격적 수모를 보상받기 위해 본인 역시도 이런 방식을 사용한다는 점이다. 이들은 더 '높은' 곳에 있는 학생들이 자신을 멸시하는 것에 문제를 제기하기보다, 스스로 자신보다 더 '낮은' 곳에 있는 학생들을 멸시하는 편을 택한다. 그렇게 멸시는 합리화된다. 명문대든 아니든 내가 만난 대부분의 대학생들은 이 모든 행위를 정당한 것으로 이해했다.

흔히 현대사회를 소비사회라고 한다. 소비사회에서의 개인들은 소비를 통해 자신이 어떤 부류인지를 드러낸다.[27] 오늘날 이십대들이 대학이라는 맥락을 소비하는 방식도 이와 마찬가지다. 이들이 학력을 근거로 우월감과 열등감을 갖는 모습은 싸구려를 부끄러워하고 명품을 가졌을 때 당당해지는 현대인들의 모습과 흡사하다. 한 서강대 학생이 대학의 '수능점수'를 기준으로 열등감과 우월감

사이를 오가며 겪는 양가적 감정이 어떠한지를 아래처럼 털어 놓는다.

먼저 면접관이 서류를 넘기면서 학교를 확인하는데요, 나와 같이 면접을 보는 학생들이 저보다 '낮은 대학'이면 이상하게도 여유가 생겼어요. 그래서 면접이 아주 자신감 있게 이루어졌어요. 위트 있는 농담도 하고 그랬어요. 그런데 한번은 다 서울대, 연세대, 고려대였고 저만 서강대였죠. 초조했고 경직되기 시작했죠. 실수하면 큰일 난다고 너무 긴장하다보니 결국 면접 다 망쳤죠.

이처럼 여유와 초초 사이를 오간다. 아니, 오가야 한다. 물론 그 이동은 매우 자연스럽게 이루어지지만, 자유롭게 선택할 수 있는 건 아니다. 왜냐하면 상황에 따라 적용되는 감정은 이미 훈련되어 있기 때문이다. 이들은 어떤 경우에 주눅 들고 불편해야 하는지, 어떤 경우엔 느긋해야 하는지 잘 안다. 이는 그렇게 반응해야만 하는 특별한 개인적 사건을 겪어서가 아니라, 그저 자기계발을 강요하는 시대가 만들어낸 몇 가지 특징들을 무의식 중에 체득하면서 일어나는 일이다. 그래서 일상적이다.

우월감과 열등감을 오가는 이런 대학생들의 태도는 이들이 지금 무언가에 쫓기는 불안한 상태임을 잘 보여준다. 만약 스스로가 자

3장 괴물이 된 이십대의 자화상

랑스러워 자부심을 가진 채 행하는 차별이라면, 이는 '과시' 자체로 끝나야 한다. 하지만 이들의 과시는 언제나 본인이 멸시할 수 있는 대상자를 밀어내는 일을 동반한다. 자신도 언제 밀려날지 모르기에 필사적으로 자기 위치를 고수하는 방식의 하나인 것이다. 이것이 자기계발서들이 그렇게도 강조한 '사회는 어쩔 수 없으니까, 개인이 변해야 한다!'는 주장의 결과다. 개인들은 사회를 함께 바꿔나가기보단 자신들끼리의 와각지쟁과 이전투구에 빠지게 됐다.

와각지쟁(蝸角之爭)은 누가 보더라도 하찮고 의미 없는 싸움질을 하는 모습을 의미한다. 달팽이(蝸) 머리 위의 두 개의 작은 뿔(角)이 별 의미도 없이 서로 바둥바둥 힘겨루기(爭)를 하고 있는 장면을 떠올려보라. 사람들은 사사로운 이해관계로 진흙탕 싸움을 하지만, 실제로는 본질과 상관없는 소모전인 경우가 태반이다. 오늘의 이십대 대학생들은 이런 '와각지쟁'의 상태로 끝도 없이 내몰리고 있고 또 거기에 집착할 수밖에 없는 상태에 이르렀다. 자기계발의 논리를 맹신하면서 말이다.

지금의 사회가 여러모로 심각한 위기에 처해 있음은 누구도 부인하지 않는 사실이다. 그러니까 개인이 더 독해지고 정신 똑바로 차려야 한다고 강조하는 게 자기계발 시대의 논리이다. 개인은 그 말을 듣고 열심히 따라했다. 하지만 어떤 결과가 나왔는가? 이 문제 많은 사회에서 그런 개인들이 행복해지기라도 했는가? 사회는 여전히 많은 문제를 쌓아둔 채 숱한 희생자만 양산하고 있다. 그리고 개인들은 가냘픈 희망 하나에 간신히 의지한 채 차가운 경쟁논리로 무장하는 데 올인하고 있다. 본질적인 사회적 문제는 외면한 채, 그렇게 달팽이 머리 위에서 힘겨루기만 하고 있다.

더 심각한 문제는 이 현상이 너무도 자연스럽게 순환하고 있다는

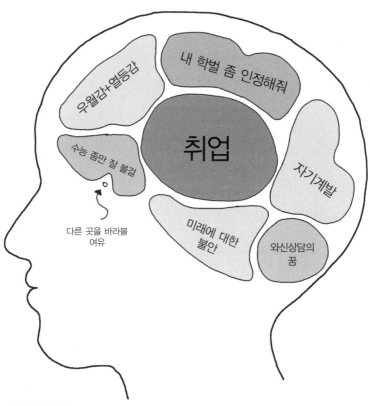

이십대 뇌구조
엄청난 압박에 시달리고 학력위계주의에 매몰된 이십대들의 머릿속에는 이런 종류의 생각이 가득하지 않을까?

것이다. 자기계발의 논리는 자기 위치에 대한 집착과, 그로부터 비롯된 우월감과 열등감으로 작동하는 학력위계주의와, 이십대들의 와각지쟁을 초래했다. 그런데 이것이 다시 자기계발에 대한 집착을 강요하게 된다.

이런 식이다. 대학생 A는 수능점수도 별 차이 나지 않는 저 대학의 아무개가 자신을 무시하고 얕잡아보는 것에 화가 난다. A는 원했던 대학에 가지 못했다는 피해의식과, 그 피해의식을 어떤 식으로든 희석시키기 위해 자신의 경우가 좀 독특하다는 부연설명을 해야 하는 부담감에서 자유로울 수가 없다. 그래서 더욱 대학 이후의 진로, 그러니까 취업에 몰두한다. 남부럽지 않은 좋은 직장에 취업한다면 지금까지의 수모를, 약점을 한 번에 엎어버릴 수 있기 때문이다. 그래서 학사관리나 자격증 등 이른바 '스펙'에 몰두하여 와신상담(臥薪嘗膽)을 꿈꾼다. "내가 비록 지금은 이 대학을 다니지만, 반드시 좋은 기업에 취업해서 내 수능점수가 내 객관적 실력이 아니었음을 보여주겠어!"라고 다짐하는 것이다. 이처럼 누군가의 멸시가 A에게는 와신상담의 자극제가 된다. 물론 이 동력의 원천은 열등감이다.

그런데 이러한 와신상담을 A만이 할까? A가 평소 멸시한 누군가도 마찬가지로 A를 눌러 보겠다고 다짐할 것이다. 그렇게 치고 올라올 모습에 A는 또 반응한다. "내가 저놈에게 져서는 안 되지!"라는 우월감에서 비롯되는 자극을 받는다. 이런 상황에서 각자는 자신의 위치를 '절대고수'해야 한다. 어떻게든 밑으로 떨어지는 걸 막아야 한다.

이렇게 모두가 멸시를 극복하고자(열등감), 그리고 멸시를 유지하고자(우월감) 스펙 쌓기에 몰두한다. 이 스펙은 철저한 '자기통제형 자기계발'을 통해서 성취할 수 있는 것들이다. 이십대가 자기계발을 시작하는, 그리고 그것이 순환되는 지점은 이렇게 등장한다. 이것이 한숨 돌릴 새도 없이 앞만 보고 뛰고 또 뛰는 이십대들이 살아가는 법칙이자, 그들이 쉴 새 없이 뛰어야 하는 이유다. 꼬여도 참으로 꼬였다. 이 꼬인 사회에서 이십대 대학생들은 꼬인 사람이 되어간다. 타인에게 차별받고 그래서 세상이 힘들다고 말하는 이들에게 결코 "그런 억울함을 보란 듯이 이겨내려면 꾹 참고 자기계발해야해!"라는 식의 말은 해서는 안 된다. 그렇게는 결코 이들을 '달팽이 머리' 위에서 내려오게 하지 못한다.

미래도
희망적이지 않다

한 조사에 따르면, 대학생의 무려 97%가 '경쟁을 해야 한다'는 사실에 스트레스를 받고 있다고 한다.[28] 그러나 인간은 '의미'를 부여할 줄 알기에 여타 동물과 다르다

3장 괴물이 된 이십대의 자화상

고 했던가. 이십대들은 이 스트레스 가득한 경쟁에도 의미를 부여해 견뎌낸다. 우리가 제2장에서 본 대로 자기계발이 아무리 괴롭고 결과가 보장되지 않아도, 그것이 취업을 위해 꼭 필요한 과정이며 시간관리를 잘하고 있는 것이라고 긍정적으로 해석하고 받아들인다. 이들은 '지원 자격 토익 ○○○점 이상'의 기준을 충족시켜야 한다는 데 스트레스를 받으면서도 '반감'을 가지진 않는다. 그것은 "노력과 성실성을 따지는 정당한 기준"이기 때문에 "억울하면 공부"하면 될 뿐이다.[29] 학력위계주의의 미세한 계단 하나 차이를 놓고도 누가 더 잘났다 누가 더 못났다 지지고 볶는 와각지쟁은 벌이지만, 그런 싸움을 온존시키는 더 큰 사회구조의 문제에는 이의제기를 하지 않는다.

원인1: IMF의 추억

그러니 자신이나 다른 개인들 각각에게로 겨냥되었던 눈길을 거두어 사회로 돌려야 함에도, 이게 쉽지 않은 일이다. 지금 이십대들이 누군가? 'IMF 세대'라고 불리는 친구들 아닌가. 이들은 한국인의 체질을 완전히 바꾸어버렸다는 IMF 효과를 너무나도 어린 시절에 경험했다. 직장에서 단칼에 내팽겨진 아버지, 혹은 그럴 수 있다는 공포감에 짓눌린 아버지를 어릴 때부터 봐왔다. 이십대들은 그걸 보면서 '사회화'되었다. 사회는 이기는 것만이 살 길이라는 가치관을 강요했고, 살아남기 위해서는 '좋은 직장을 얻는 것' 이외의 꿈들을 당연히 거세해야 했다.

나는 1998년 6월, 군대에서 첫 휴가를 받고 고향으로 가기 위해 들른 서울역의 모습을 아직도 잊을 수가 없다. 지하철 통로의 코너를 도는 순간 내 눈앞에는 믿을 수 없는 광경이 펼쳐졌다. 노숙자, 노숙자, 노숙자들이 겹겹이 오와 열을 맞춰 누워 있었다. 말 그대로 인산인해. 이는 평소에 역에서 보았던 노숙자보다 족히 100배는 더 많은 숫자였다. 말 그대로 '무슨 일이 터진 거'였다. 내가 정말로 놀란 것은 그 노숙자들 사이의 작은 틈바구니를 조용한 발걸음으로 디디면서 출근하던 수많은 직장인들의 무표정한 얼굴이었다. 그러나 그 표정에 비친 비장한 결심을 발견하는 건 어렵지 않았다. 모두가 이를 악물고 있었다. '경쟁에서 밀리면 나도 저렇게 될 수 있다'라는 굳은 각오와 함께.

이들이 바로 지금 이십대의 부모들이었고 선생들이었다. 그 '살아남은' 자들은 일상의 각오를 원점에서 다시 수정했다. '인생 막장 구렁텅이'로 가지 않기 위해서는 해야 될 일이 명확했다. 이들은 자녀들에게, 학생들에게 어떻게 하면 이 세상을 살아갈 수 있는지를 절절하게 설명했다. 좋지 않은 조건을 가졌지만 악착같이 살아 물질적 혹은 명예로운 성공을 한 유명인들의 에피소드는 반드시 물려주어야 할 교훈으로서 안성맞춤이었다. 지금의 이십대들은 당시 '자기계발 = 성공'이라는 식의 설명을 수도 없이 들으면서 자랐을 것이다. 따라서 성공하지 못하는 원인을 이 과정의 부족으로 이해

3장 괴물이 된 이십대의 자화상

하는 것은 너무 당연해져버렸다.

이런 생각을 머릿속에 각인하게 된 이들이 지금 이십대가 되어 청년취업 대란의 현실과 마주쳐 있다. 그러나 당황하지 않는다. 이럴 땐 어떻게 해야 한다는 부모님과 선생님의 말씀이 데자뷔처럼 떠오른다. 깊게 새겨져 있던 '직장을 잃는다는 것에 대한 트라우마'가 되살아나고 입력된 코드명 '자기계발'에 따라 이십대들은 움직이기 시작한다. 그렇게 경쟁은 유년시절에 수없이 들은 것처럼 생사를 건 싸움으로 인식된다.

이처럼 지금의 이십대들은 유년시절부터 이미 남들을 밀어내고 안도감을 얻는 방식에 익숙해져 있다. '왕따'라는 집단문화도 "자기가 낙오자가 될까 봐 불안한 나머지 자기가 아닌 다른 사람을 그 자리에 세우고 싶어" 하는 개인들이 누군가를 멸시하는 대열에 동참함으로써 자신은 그 멸시받는 대열에 들지 않기 위한 안도의 행위였다.[30] 이는 오늘날 이십대들이 지니고 있는 생존전략 메커니즘과 너무나도 흡사하다. 그러나 사회는 이런 개인들의 처절한 다툼들을 마냥 방관하고 있다.

원인2: 경영학과의 사회학

미래가 희망적이지 않는 이유는 달라진 대학의 풍토와도 관련된다. 지금 대학들은 이십대들을 더 완벽한 자본주의적 상품으로 만들고자 혈안이 되어 있다. '대학의 기업화'는 오직 취업률로 평가해서 학과들을 구조조정하는 걸 정당화한다. 그 구조조정의 철퇴를 맞는 대상에는 예체능 계열은 말할 것도 없고, 이를테면 학문으로서 존재해야 하는 나름의 국가적 명분이 있는 국문과조차도 예외가 아니다. 두산중공업 회장으로 현재는 중앙대학교 이사장직을 겸하고 있는 박용성이 한 대학의 초청강연에서 "대학이 전인 교육의 장, 학문의 전당이라는 헛소리는 이미 옛 이야기다. 이제는 '직업교육소'라는 점을 인정해야 한다"라고 한 말이 여러 논란을 일으켰지만, 실제로 대학은 그렇게 변했다. 이제 대학의 목적이 학생들을 '잘 훈련된 회사원'으로 키우는 것이 되었다. 그런 대학이 되어야 기업으로부터 건물 하나라도 기증받을 수 있으니까.

그렇게 대학들은 경영학과 위주로 학제를 개편했다. 다른 학과를 구조조정하여 경영학과의 정원을 늘렸고, (2학년이 되면 자유롭게 전공을 선택하는) '자율전공'학부(의미는 '어떤 전공이든 선택할 수 있는 학부'지만 실제로 경영학과에 가지 못한 자가 우회적인 루트로 선택하는 경우가 많다)를 만들어 어떻게든 경영학 전공자가 많이 배출될 수 있는 구조를 만들었다.[31] 당연히 경영학과 학생수가 지난 10년간 기하급수적으로 늘어났다. 상경대나 정경대에 소속된 작은 학과에 불과했던 경영학과가 IMF 이후 전폭적인 지지를 받아 '경영대'라는 단과대학으로 승격했다.[32] 또한 사회에서 경영학과를 우대하고 그래서 학교에서도 경영학과에 집중 지원을 하기 때문에, 학생들은 복수전공이나 편입 등을 통해 어떻게든 경영학과에 소속되고자 한다. 철학과에서조차 취업률을 올리기 위해 '경영학 복수전공'을 학과장이 학생들에게 권장하기도 한다.

서울의 한 사립대를 조사해보니, 전체 25개 학과 재학생들 가운데 무려 19%가 경영학과 단일전공 학생들이었다. 25개 학과 중 하나에 불과한 경영학과가 전체 학생의 5분의 1을 차지하고 있는 셈이다. 게다가 경영학과가 아닌 나머지 학생들조차도 그 18%가 경영학을 복수전공으로 선택하고 있었다. 전체를 통틀어보자면, 재학생의 무려 34%가 이 학교에 존재하고 있는 25개 분과학문 중 하나에 불과한 '경영학'을 전공하고 있는 것이다. 이뿐만이 아니다. 경영학과가 아닌 학과들은 경영학과와 어떻게든 '융합'하기 위해 안간힘을 쓴다. 그래서 요즈음 학과 이름들 가운데는 '글로벌서비스경영학과' '디지털미디어경영학과' '금융보험부동산학과'처럼 생소한 것들이 굉장히 많다. 플라톤과 아리스토텔레스가 등장하는 '마케팅 잘하는 인문학 MBA'와 같은 희귀한 강좌도 성행한다. 말이 좋아서 '융합'이지, 실상은 어떻게든 '경영학적 효율성'을 올리기 위해 다른 과들이 경영학과처럼 변해가는 것이다.

이처럼 대학교 전체에서 경영학, 혹은 이와 관련된 학과가 차지하는 비중이 너무나 커지면서 대학생들이 어떤 식으로든 경영학과의 학풍에 과거보다 많이 노출될 수밖에 없다. 지난 2010년에 개설된 서울대의 '삶과 인문학'이란 강좌에서는 기업 CEO가 와서 "접대 자리에서 숫자 얘기를 하는 것보다 인문학이나 예술을 전공한 직원

이 노래나 한 곡 불러주는 편이 효과가 좋다"면서 인문학의 유용성을 강조했다지 않은가.**33**

지금 캠퍼스에는 자신을 기업에 잘 팔리는 상품으로 '제조'하는데 일말의 거부감도 없는 학생들이 가득하다. 학점·토익·공모전·자격증 등의 규격화된 1차 관문을 통과한 후, 자신만의 색깔을 덧칠하려고 애를 쓰는데 여기에도 패턴이 있다. '자소설'이라고까지 불리는 자기소개서를 통해 자신이 그 기업에 적합한 DNA를 어릴 때부터 갖고 있었다는 점을 증명해야 하며, 나아가 자비를 들여가며 기업이 좋아할 만한 봉사활동에 경쟁적으로 참여한다. 그렇게 대학생들은 상품성 차원에서의 '창의성'을 키워나간다. 이때의 창의성이란 진정 자유로운 창의성이 아니라 기업에 팔릴 만한 창의성일 뿐. 이때 요구되는 도전정신이란 회사의 방침과 명령을 어떤 난관에서도 용기 있게 수행하는 차원의 도전정신일 뿐. 예를 들어, "밤샘작업! 그건 제가 할 수 있습니다! 시켜만 주십시오!" 같은 도전 말이다.

그리고 이 과정에 대한 불만은 '자기계발'이란 포장지로 덮어진다. 자기 착취? 뼈빠지는 고생은 그 결과에 상관없이 미래를 위한 투자일 뿐인데 웬 불평불만? 자기 삶은 곧 기업 활동이고 자신은 이를 이끄는 CEO란 말이다. '나는 스스로를 경영할 줄 안다!'는 기업가적 자아는 그렇게 탄생한다. 이것이 바로 지금의 대학이 집중적으로 육성하고 있는 '바람직한 이십대'의 표본이다. 기업가적 자아를 지닌, 즉 인생을 '효율성의 개념'으로 재단하는 데 익숙하고 능숙한 이십대들은 앞으로도 더 많아질 것이다. 이것은 개인의 의지와 상관없는 일이다. 이제 자신이 공부하고 싶어도 대학에 관련 학과가 개설되어 있지 않아 할 수 없는 경우가 많아질 것이다. 그래서 우리는 미래의 이십대들이 어떤 표준적 성격을 지닐지도 어렴풋이 예측할 수 있다.

경영학이 '보편적' 학풍으로 존재한다는 건 생각보다 심각한 문제다. 자기계발 시대가 빚은 지독한 학력위계주의 모습이 더욱 악화될 가능성이 농후하기 때문이다. 경영학은 사실상 기업의 논리를 체득하는 데 목적이 있기 때문에, 개인의 사고력을 바탕으로 기존의 고정관념을 재해석하는 일이 인문사회 학문에 비해 원천적으로 제한되어 있다. 말하자면 '스스로 해석하라!' '상상력을 발휘하라!' 등의 주문이 전무하다고 할 수 있다.

경영학과의 수업 풍경은 전국 모든 대학이 사실상 거의 같다고 보아도 무방한데, 이는 기업에서 뽑고자 하는 표준적인 인재를 만들기 위한 '맞춤식 교육'을 하지 않으면 안 되기 때문이다. 재무회계를 배웠는데 대학마다, 또는 어떤 교수이냐에 따라 '다르게' 배웠다면 기업 입장에서는 곤란하지 않겠는가. 그러니 경영학에서는 독특하게 해석한다느니 하는 발상은 전혀 중요하지 않다. 주어진 명제를 이해하고 문제를 푸는 것이 중요하지 이를 의심하는 비판적 사고력은 위험하다. 그렇게 기존의 고정관념이 유지될 최적의 조건

이 형성된다. 이런 분위기는 자기계발의 시대가 만들어내고 있는 이십대의 특징들을 더욱 강화시키는 데 유리하다.

오늘날 인문사회 계열 학과들은 망해가고 있고, 경영학과는 나라에서 지원까지 받으며 커가고 있다. 대학 전체가 '경영학과화'되고 있으며, 대학생 전체가 '경영학적으로' 사고하고 있다. '자기계발의 비극'에서 고통 받는 이십대의 미래가 여전히 어두울 수밖에 없는 또 하나의 이유다.

원인3: before/after의 덫

이십대가 결국 자기계발이란 개인적 수단에 집착할 수밖에 없는 이유는 성형이 '필수'가 된 세상의 풍토와도 흡사하다. 일반적으로 TV의 성형프로그램은 이렇다. 외모 때문에 차별받는 사람을 불러 놓고 수술해주겠다는 의사들이 떼로 등장한다. 외모를 차별하던 숱한 가해자와 그 가해자를 양성한 사회의 외모지상주의가 얼마나 문제인지에 대한 논의는 없다. 오로지 외모가 변하면 문제가 보란 듯이 해결되는 모습만 부각된다. 외모 변화가 고통을 사라지게 만드니, 역시 원인은 얼굴이었음을 부인할 수 없게 된다. 이제 성형은 어떤 문제가 있을 때 하는 게 아니라, 어떤 위기를 예방하기 위한 관리의 차원에서 이해된다. 이 순간 '평범한 사람' 모두가 '잠재적 환자'가 되어버린다. 당연히 성형시장은 엄청나게 성장할 것이고.

지난 2007년에 크게 히트한 『88만원세대』는 '88만원세대'라는 단어를 대유행시키며 이십대 세대담론의 물꼬를 텄다. 그런데 원래 이 책이 말하고자 했던 바는 이십대들이 왜 절박하게 되었는지에 대한 '한국사회 구조의 문제'였지만, 언론은 이십대들의 절박함에 만 주목했다. 그러면서 '88만원세대' 명칭은 "그들을 구출할 자 누구인가?"라는 식으로, 다른 누군가를 강조하기 위한 도구로 (특히 정치인들에게!) 사용되었다. 동시에 이들이 '왜' 이렇게 되었는지에 대해서는 그 누구도 책임지는 사람이 없게 됐다. 어쨌든 현재의 이십대가 무능한 것은 분명하지 않느냐는 한탄은 그렇게 등장했고, 이 한탄은 충고·조언·위로 등의 이름으로 이십대들에게 쏟아진 기성세대의 간섭을 정당화했다. 이는 그 이후 이십대를 향한 자기계발서가 우후죽순 등장할 수 있었던 배경이 되었다.

이십대가 구원을 기다리는 '88만원세대'로 구성되는 과정은, 철학자 지그문트 바우만이 '선택 무능력'의 징표로 이해되고 있는 '최하층계층'이 현대사회에서 어떻게 만들어졌는지 설명한 것과 흡사하다.[34] 쉽게 말하면, 대중매체에 이른바 휴먼다큐나 휴먼드라마 같은 프로그램을 통해 '불쌍한 사람들'의 무능력한 모습이 반복적으로 비춰지면서 그들에 대한 고정관념이 생긴다는 것이다. 사람들은 그런 이야기에 동정심을 느끼고 눈물을 흘리지만, 결국에는 "저러니까 가난하지"라는 고정관념을 가지게 된다는 것이다.

앞에서 언급한 이십대가 '무기력한 존재'로 구성되는 과정도 이와 마찬가지였다. 참담한 현실 '만'이 강조되는 사회 분위기에서 이십대들은 스스로도 본인들을 구조의 피해자로서가 아니라 '구원의 대상'이라고 이해한다. 그러면 누군가에게 책임을 묻는 '변혁'이 아니라 '일단 살고 보자'가 중요해진다. 이 상황에서 이십대들이 행하는 나름의 저항은 외부에서 '예상한' 저항일 뿐이다. "일자리를 달라!"가 시작이고 끝이다. 그렇게 '부족한 존재'가 된 이십대가 그 해결로서 자기계발이라는 고전적 공식을 받아들인다는 건 너무도 자연스러운 일이다.[35]

미국의 사회학자 미키 맥기는 자기계발에 중독되는 현대인들을 분석하면서 '미국의 변신문화'를 논한다. 변신문화란 미디어가 끊임없이 자수성가(自手成家)의 성공 이미지들을 '고난극복기' 스타일로 재생산하는 것을 말한다. 그럼으로써 사람들이 자기계발에 빠지게끔 유도한다는 것이다. 그래서 맥기는 자기계발서들이 끊임없이 강조하는 새로운 자아의 모습 혹은 현재의 희생을 통한 미래의 성공이 마치 성형수술이나 다이어트 프로그램에서 추한 'Before'를 벗어나 화려한 'After'로 변신하는 것과 유사하다고 보았다.[36]

오늘의 한국 이십대들도 마찬가지다. 자기계발서는 '무기력한' (Before) 현재를 '화려하게'(After) 변화시킬 매뉴얼을 제공한다. 거의 불가능한 기적을 연출한 주인공들이 "내 경우를 보라!"면서 누구든지 성공할 수 있다고 격려한다. 이십대가 자신의 자기계발 결과가 불투명해도 이에 매진하는 이유는, 바로 이렇게 불안한 현대사회를 사는 '같은 이십대'가 성공하는 '다른 사례'를 분명히 확인하기 때

3장 괴물이 된 이십대의 자화상

문이다. 그래서 자신은 아직 변신프로그램의 'Before' 상태일 뿐이기에, 열심히 하다 보면 분명 'After' 상태가 될 것이라 믿는다.

한편에선 "너넨 지금 큰일 났어. 미래가 암울하다고"라는 무서운 경고를 듣고, 다른 한편에서는 "괜찮아, 우리가 말하는 대로 하면 성공할 수 있어"라는 주술을 듣는다. 이렇게 '무기력한 현재'와 '희망찬 미래'가 동시에 굉장히 구체적이고 현실적인 것으로 받아들여질 때, 이십대는 충분히 손에 닿을 것 같은 목표를 향해 스스로를 희생하는 자기계발에 매진할 가능성이 높아진다. 그 목표가 실제로 이뤄지느냐 아니냐는 문제가 되지 않는다. 왜냐하면 그건 목표를 달성하지 못한 자신의 책임이기 때문이다. 어쨌든, 자기계발은 성행한다.

이십대는 이렇게 자기통제형 자기계발에 부화뇌동하게 되었고, 그 자기계발의 기준으로 세상을 바라보게 되었다. 이십대들이 결코 벗어나지 못하는 학력위계주의에 대한 집착은 자기계발의 논리와 공식을 그대로 따른 결과다. 그리고 그 결과는 아이러니하게도 다시 자기계발서를 찾는 동력을 만들어낸다. 그리고 이런 과정 속에 '사회적 문제'는 논의의 저편으로 사라져간다.

자기계발 권하는
사회를 치유하자!

출발선과 과정에서 공정했다고 그 결과의 공정성이 저

절로 완성되는 게 아니다. 마지막 결과된 모습까지 공

정해야 그게 공정한 사회인 것이다. 진정한 공정성은,

예컨대 출발과 과정에서 공정을 기했음에도 평범한 노

동자가 하루 8시간 열심히 일하고도 3인가족이 최소한

의 생활을 꾸려갈 수 없다는 결과가 나왔다면 그 모자

란 만큼을 채워놓는 데 있다. 그래야 결과의 공정성도

이뤄냈다고 할 수 있지 않겠는가.

'원래 그런 세상'은
없다

우리 사회의 자기계발 열풍은 개인의 절박한 상황을 방치하는 사회 시스템 때문에 가능했다. 사회가 개인의 삶을 좀 더 잘 보호해줬더라면 굳이 이렇게 많은 사람들이 자기계발의 늪에 빠져들지도 않았을 것이다. 결국 문제는 '자기계발 권하는 사회'에 있다. 하지만 자기계발의 가치관은 이미 대중들 사이에서 대세가 되었다. 그걸 문제 삼아 봤자, 돌아오는 건 "세상이 원래 그런 거야" 하는 대답뿐이다.

성실한 노동자가 단칼에 정리해고되어도, 비정규직이라는 이유만으로 동일노동 동일임금을 받지 못해도, 노동자의 당연한 권리인 최저임금조차 받지 못해도, 자영업자라는 이유만으로 본사의 횡포에 속수무책인 상황이 되어도 그건 그저 세상이 그렇게 생겨먹어서라고 받아들일 뿐 별다른 문제의식이 없다. KTX 비정규직의 요구에 차가운 태도를 보였듯, 용산참사 희생자들을 동정은 했으되 그들의 주장에 동의하지 않았듯이 말이다. 그저 모든 게 다 평소 자기계발을 통해 준비해두지 않은 당사자 개인의 탓일 뿐이다. 사회란 원래 그런 곳이기에 살아남기 위해서는 무엇이든 해야 했던 거 아니냐고 말이다. 각자 알아서 살아남아야 하는 무시무시한 각축의 세상, 이 살벌한 경쟁 시스템에서 이십대들은 그렇게 곪아가고 있는 것이다.

이때 마치 그런 세상을 치유라도 하겠다는 듯 등장한 게 바로 이른바 '힐링 담론'이다. 대표적 힐링서의 하나로 이야기되는 『멈추면, 비로소 보이는 것들』은 "결국, 뭐든 세상 탓만 할 일이 아닙니다" "상대가 나를 칠 때 지혜로운 이는 굽힐 줄 압니다" "고개를 숙이면 부딪치는 법이 없다" "누가 나를 욕하면 나를 낮추십시오" 하고 속삭인다. '피로사회'라는 말도 있듯이 이 사회는 구조적으로 개인의 에너지를 소모시키고 있는데, 그런 사회구조에 대한 불만을 '멈추면' 비로소 자신이 왜 부족한지를 알게 되고, 그러면 이 경쟁사회에서 사랑받는 비법이 '비로소 보인다'고 말하고 싶은 걸까? 이런 '힐링'은 사회적 압박으로 인한 고통을 치유해주는 것이 아니라, 그걸 고통으로 받아들이지 않게끔 한다. 당연히 사회구조는 늘 그대로다. 결국 이런 힐링서들에 "가장 열광하는 이들은 기업의 오너와 임원들"[37] 아니겠는가.

이든 저든 모든 것이 '내 책임'으로 정리되는 세상에서, 개인에겐 '전투적 자기계발'에 투신하는 것 외에 다른 선택지가 없다. 하지만 선발인원의 수는 이미 정해져 있다. 집단 전체의 노력이 증가했다고 바늘구멍이 넓어지진 않는다. 그저 단군 이래 낙오자의 평균능력만 날로 최고치를 경신할 뿐이다. 그 결과, 수많은 인재들이 강제적으로 '잉여'가 되어간다. 더구나 이렇게 과부하가 걸린 사회에서는 '선발되지 않았다는 상대적 박탈감'은 과거에 비해 더 크게 느껴질 수밖에 없다. 그로 인한 불안이 사람을 더욱 더 야멸차게 만든 나머지, 지금 내가 힘들기 때문에 남도 힘들어야 한다는 고통의 평준화 논리마저 생성해낸다. 내가 올라갈 수 없다면 남도 못 올라가는 게 그나마 '공정'하다고 생각하는 걸까? 그렇게 서로를 밀어내기 시작한다. 내가 올라서기 위해, 남은 올라서지 못하게 하기 위해. 결국 상처를 안고 대열에서 이탈할 다수의 '능력 있는 루저'가 언제나 생겨날 수밖에 없다. 그리고 이렇게 좌절하는 자아가 많아질수록 또 힐링은 곳곳에서 환영받는다. 그러는 가운데 경쟁사회의 야만성에는 어느덧 '합리'라는 포장이 들씌워진다.

그러나 '노력하면 성공한다'는 자기계발은 사람들을 성공으로 이끌지 못하고, 그런 좌절 속에서 사람들이 겪게 되는 아픔은 '힐링'으로는 힐링되지 않는다. 그래서도 지금 필요한 것은 바로 자기계발 권하는 사회, 그 자체를 치유하는 일이다.

그걸 어떻게 해나가야 할지를 논하기에 앞서, 잠시 되짚어봐야 할 장애물이 하나 있다. 개인의 성공과 실패에 영향을 미치는 사회구조 문제를 언급하면 '환경 탓이나 하는 투덜이'쯤으로 간주하는 편견 말이다. "열심히 노력조차 안 하는 것들이 꼭 그런 소리 한다"는 말은 아주 귀에 익숙하지 않은가. 자수성가의 상징인 이명박 전 대통령이 청년실업이라는 사회적 문제를 바라보는 관점은 그 대표적인 예일 것이다.

4장 자기계발 권하는 사회를 치유하자!

상황을 탓하면서 잔뜩 움츠린 채 편안하고 좋은 직장만 기다리는 것은 결코 해법이 될 수 없습니다. (…) 냉난방 잘 되는 사무실에서 하는 경험만이 경험은 아닙니다. 현장에서 땀 흘려 일하면서 얻는 경험이 더 값진 경험이 될 수가 있습니다. (…) 제가 처음 배치되어 갔던 곳은 밀림 속의 정말 고달픈 건설 현장이었습니다. 말로 표현할 수 없을 정도로 고생이 많았지만 (…) 이후에 난관을 겪을 때마다 두고두고 도움이 되었습니다.**38**

이는 물론 이명박 전 대통령만의 인식은 아니다. "우리 때는 더 힘들었어" 운운하는 기성세대 일반은 물론이고, 쌍용차 노동자들의 파업을 두고 "제가 보기에는 솔직히 배불러 보여요. 다른 일 찾을 생각은 왜 안 해요?"라고 말하던 독수리 5형제 같은 이십대들도 공유하고 있는 생각이다. 특히나 우리의 이십대들은 여전히 '긍정'과 '희망'만을 강조하는 세상 한가운데를 살고 있다. 『아프니까 청춘이다』는 300만 권이, 『멈추면, 비로소 보이는 것들』은 200만 권이 넘게 팔렸다. 대학가에서는 유명 멘토들의 초청 특강을 알리는 현수막을 곳곳에서 보게 되는데, 그 내용들은 한마디로 '힘들어도 포기하지 마!'이다. 이십대 청춘들에게 어떤 경우에도 포기하지 말라고 코너에 몰아놓고는 힘든 상황을 이겨낸 특별한 경우를 강조하는 건 이 사회가 실제로 공정하지 않은데도 이를 문제 삼지 말라는 격에 다름 아니다.

물론 긍정과 희망의 강조 이면에는 거꾸로 깊은 좌절에서 오는 패배의식이 자리하고 있는지도 모른다. '그런다고 세상이 뭐 바뀌겠어? 세상이 원래 다 그런 거지, 사회는 어쩔 수 없는 거라니까! 바뀌는 게 없는데 환경 탓이나 하고 있다간 나만 손해잖아? 그 사이 남들이 나를 앞지른다고!' 맞다. 세상을 바꾸기보다는 세상에 맞춰 나를 바꾸는 게 훨씬 효율적이고 이득일는지 모른다. 그러나 이 대목에서 우리가 잊고 있는 게 하나 있다. 인류는 세상을 바꾸면서 진보해왔다는 점을.

사소하지만 내 개인 경험담을 하나 들려드리겠다.

군대에는 입대 100일을 기념하는 위로휴가라는 게 있다. 예전에는 없던 휴가였는데, 부모님 모셔놓고 거창하게 진행되었던 신병훈련소 퇴소식이 IMF 이후 간소화되면서 대신 생긴 거였다. 1998년 2월에 입대한 나는 부대 내에서 이 제도의 첫 수혜자였다. 휴가 복귀날, 부모님은 이등병 아들을 무척이나 걱정하셨는지 이것저것 먹을거리를 많이 챙겨주셨다. 선임들과 함께 먹으라면서. 물론 그러면 선임들에게 좀 잘 보이겠다는 생각에서였다. 당연히 선임들도 좋아했다.

문제는 그 다음부터였다. 나를 시작으로 해서 점점 휴가복귀자의 두 손이 무거워졌다. 처음에는 과자, 다음은 떡 그리고 누구는 갈비를 내무반 전원이 배부르게 먹을 만큼 들고 오기까지 했다. 하지만 이를 의아하게 여긴 사람은 아무도 없었다. 그렇게 당연한 관례처

4장 자기계발 권하는 사회를 치유하자!

럼 되어버렸다. 하지만 한 후임이 무려 20박스의 피자를 들고 오면서 이 상황은 종료된다. 그날 저녁, 분대장은 전원을 소집했다. 그리고 경고했다. "오늘부터 휴가자가 먹을 거 사오는 거 그만하자. 지금 다들 이걸 당연한 것으로 생각하는데, 누구의 집에서는 굉장히 부담되는 금액일 수 있다. 지금처럼 이러다가는 떡 하나에도 고마워하던 마음이 '에이, 겨우 그거야!'라고 하게 될 판이다. 그러니 이유 없다. 그만하자!" 그렇게 휴가복귀 조공전쟁이라는 악습이 사라지게 된 건 최초 한 사람의 문제의식 때문이었다.

갑자기 이 이야기를 꺼내는 이유는 사회문제를 '개인이 어떻게 할 수 없는 것'으로 이해하는 태도들 때문이다. 이십대의 상황을 분명한 사회문제라고 다들 동의하면서도, 이들에게 한다는 조언에는 어째서 하나같이 개인은 사회를 바꿀 수 없다는 전제가 깔려 있는가. 자기계발이 개인에게 다가가 기어코 얻어내고 마는 대답이 실상 '나는 사회를 바꿀 수 없다. 그러니 나부터 이기고 보자!' 아닌가. 이십대들은 '이등병'이라는 약자일 수 있으니 그런 흐름에 그냥 따라간다고 치자. 하지만 선배 세대들은 그럴 필요가 전혀 없지 않은가. 그런데도 '위로'라는 솔깃한 언어로, 피자 20박스를 살 형편이 되지 않아 고민하고 있을 이등병에서 "고민하니 이등병이다!" "20박스를 사면 일병이 됩니다!"라고 말하고 있는 건 아니냐 이 말이다.

인류가 여성에게 참정권을 부여하고 어린이를 교육의 대상으로 바라보고 장애인의 권리를 인정하고 인종차별을 부당하게 여겨 철폐하고… 이런 변화는 기존의 사회가 문제 많다는 걸 직시한 개인들의 노력에서 시작된 일 아니면 무엇이겠는가? 다만 그것이 왜 문제인지, 또 문제라면 이를 어떻게 접근해야 하는지를 모를 때 사람들은 일반적으로 원래의 것이 옳은 듯 착각할 뿐이다. 그러나 착각이 깨지면 그 사회는 절로 좋은 쪽으로 구성원들을 이동시킨다. 사회는 그렇게 '개인들'로 인해 변하는 것이다.

악습들이 여기저기 널린 그 부대가 독자라고 한다면, 자기계발서들은 어떤 말을 하고 있을까? 고참들이 좋아할 '음식목록'을 알려주고 있지는 않을까? 혹은 이런 문화에 불만을 가지면 "너 하나의 희생으로 많은 이들이 음식을 맛있게 먹었다고 생각하면 된다"고 다독이지는 않을까? 그렇게 살면 세상에서 성공하는 것일까? 그렇게 성공하는 건 의미가 있을까? 우리는 이제 제대로 고민을 해야 할 때에 이르른 것이다.

긍정과 희망을 논하기 전에 우리가 알아야 할 것

그래, 공감은 한다. 이해도 한다. 그런데 하나 묻고 싶다. 그래서 어떻게 하란 얘기냐? 그렇다고 자기계발하지 않고 살면 뭐가 해결되는가?

지금쯤 많은 이들의 머릿속에 맴도는 질문일 것이다. 나 역시 연구과정에서 그리고 관련 주제로 강의를 하면서 가장 많이 들었던 질문이다. 재미난 것은 이런 질문 직전까지 다수가 자기계발을 권하는 사회의 폐해에 대해 일정 정도 인식하고 있다는 것이다. 자신 역시 그 피해자 중 한 명이라고까지 여기기도 한다. 하지만 딱 거기까지다. 더 이상의 관심으로 이어지지 않는다. 대신 이들은 "그래서 해결책이 뭔데?"라고 묻는다. 이제 책을 마무리하면서 나 역시 이에 대한 답을 해야겠다.

그 전에 먼저 말해둘 것은, 사실 어떤 현상에서 나타나는 문제점을 논할 때 "그래서 대안이 뭔데?"라고 묻는 것이 문제제기 자체를 봉쇄하는 효과가 있다는 점이다. 효율적으로 시간을 관리하라는 자기계발 담론에 따르자면 가급적 기존의 룰에 충실한 것이 개인에게 훨씬 이득이다. 이유는 간단하다. 사회를 바꾸는 건 힘들고 불확실한 일이기 때문이다. 될지도 안 될지도 모르는 일에 자신의 귀중한 시간을 낭비하는 건 개인에겐 큰 손해다. 자연히 자기계발이 성행하는 사회에서는 확실한 대안이 없으면 굳이 문제제기하지 않는 태도가 일상화된다.

그런 의미에서 이 책이 말하는 '해결책'은 앞에서 논의한 문제점들을 공감하지 못하게 하는 요소들을 제거하는 것이기도 하다. 이런 방해 요소가 사라지면 지금껏 나타난 문제점들을 통해 거꾸로 건강한 사회를 위한 성찰을 할 수 있을 것이다. "연대하면 세상이 바뀐다!"는 식의 어설픈 대안을 내세워 "그건 추상적인 소리야!"라고 평가절하당하기보다는, 왜 우리가 대안을 고민해야 하는 단계로 나아가야 하는지를 확실히 공감하는 게 오히려 자기계발 권하는 이 사회를 변화시킬 근본적인 해결책이지 않겠는가. 그걸 위해서는 자기계발 자체의 오류를 철저하게 검증해야 한다. 자기계발의 문제가 크게 부각되지 못하는 이유 중 하나는 자기계발 그 자체에 얼핏 틀린 말이 없어 보이기 때문이다. 그러니 일단 자기계발의 신화를 해체하는 것이 '자기계발 논리의 폐해'를 줄이는 하나의 길이 될 것이다.

『아프니까 청춘이다』는 무엇을 간과했을까?

베스트셀러 『아프니까 청춘이다』는 오늘의 대학생들에게 긍정과 희망의 코드를 전달하고자 하는 책이다. 저자 김난도 교수는 어마어마하게 팔린 이 책으로 '아픈 청춘들의 멘토'라는 또 하나의 직함(?)도 얻었다. 그런데 아파도 청춘이니까 참아보라는 것은 시련이 반드시 열매를 맺어주는 사회에서나 의미 있는 얘기 아닐까? 그렇다면 지금의 청춘들이 처한 사회구조가 과연 '노력 = 열매'를 보장해주고 있을까? 만약 그렇지 않은데도 무작정 참아보라 한다면 그건 일종의 사기 아닐까?

이런 주장을 하는 근거가 무엇이냐고? 현재 4년제 대학을 졸업하고도 취업하지 못하는 수백만 명의 백수들이 지긋지긋할 만큼 시련을 겪었음에도 열매를 맺지 못하고 있기 때문이다. 나는 이들이 노력하지 않아서 열매를 맺지 못했다고는 생각하지 않는다. 지금의 이십대 상황을 조금이라도 이해한다면, 결과적으로 '노력이 부족하니 백수가 되었다'는 뜻일 수밖에 없는 말을 과연 할 수 있는 걸까?

『아프니까 청춘이다』 중 「아직 재테크 시작하지 마라」 챕터에는 한 개그맨의 일화가 나온다. 신인 시절부터 재테크에 관심을 가진 사람치고 성공한 개그맨이 없다는 것이 요지이다. 이유인즉, 적금 같은 것에 강박관념을 가지면 '푼돈 모으기'라는 작은 목표에만 매몰되어 개그맨이 미래를 내다보고 투자해야 할 창조적 아이디어를 고민할 시간에 행사 같은 것만 찾아다니게 된다는 것이다. 그만큼 개그맨으로서의 성장이 늦어진다는 교훈을 말하고자 한 것으로 보인다. 그래서 김난도 교수는 "신인 개그맨 때는 종잣돈보다 연습과 아이디어가 더 중요하다"면서 "'코 묻은 돈' 아껴서 재테크 시작하기보다는, 차라리 다 써버려라"라고 조언한다.

그런데 김난도 교수는 그 '푼돈' 때문에 피자를 배달하다, 대형마트 지하실에서 일하다 목숨을 잃은 이들에게는 무슨 말을 할까? 그리고 학자금 대출 때문에 이미 대학생활 때부터 빚에 찌들어 사는 수많은 청춘들에게 과연 "진정으로 원하는 것을 이룰 수 있다면, 몇 해쯤은 수입 한 푼 없더라도 견뎌보겠다는 각오"를 하라고 말할 수 있을까? 가난은 단순히 물질적 결핍의 상태가 아니다. 그래서 단순한 정서적 위로로 해결되는 건 더더욱 아니다. 바우만은 이렇게 말했다. "그것은 '정상의 삶'이라고 인정되는 모든 것에서 배제되었음을 뜻한다. 그것은 '기준에 미치지 못함'을 의미한다. 그 결과 자존감이 낮아지고 수치스러움이나 죄의식을 느끼게 된다. 가난은 또한 그 사회에서 '행복한 삶'이라고 여겨지는 기회들과 단절되고 '삶이 제공해야 하는 것'을 받지 못함을 의미한다."**39**

수많은 대학생들이 등록금을 마련하기 위해 공부시간의 몇 배를 아르바이트에 쏟아붓고 있다. 등록금만이 아니라 주거공간도 불안정하여 싼 방을 구하기 위해 아우성치고 있다. 당연히 '덜' 일하면 '더' 많이 공부할 수 있다. 하지만 현실은 '더' 일하고 '덜' 공부하게끔 한다. "공부할수록 가난해지는, 가난할수록 공부할 수 없는"**40** 상황이다. 이들 중에 창조적 아이디어를 고민하기 싫어서 김난도 교수가 우려하는 눈앞의 현실에만 허덕이는 삶을 선택한 이는 없다. 대학생들이 힘들게 살 수밖에 없는 사회적 상황을 이해했다면 그는 이런 '희망고문'을 하지 않았을 것이다.

『아프니까 청춘이다』는 솔직한 책이다. 저자의 고민과 제자들의 고민이 잘 녹아 있다. 그런데 이를 어찌하랴. 그것은 잘나가는 서울대 교수와 서울대 학생들의 고민인 것을. 저자는 서른네 살에 서울대학교 교수가 되느냐 아니냐를 놓고 고민한 적이 있었음을 아주 '진지하게' 밝힌다. 교수가 된 그를 찾아오는 제자들은 UN 기구에서 일을 하니 마니를 고민한다. 결국 그는 '서울대' 교수로서 '서울대' 학생들과 만나 이야기한 경험을 바탕으로 "아프니까 청춘이다"

라고 했을 뿐이다. 그러나 이런 이야기를 현재의 대한민국 청춘 모두에게 대입시키는 것은 매우 무리한 일이니까. 그 책에서 말하는 희망이란 그저 '서울대스러운' 것일 뿐이다.

김난도 교수가 서울대 학생에게 하는 조언이 왜 일반적인 대학생들에게 통할 수 없는지를 보자. 서울대 신입생 아버지 직업을 보면 사무직·전문직·경영관리직이 전체의 65%에 이르고, 비숙련 단순노동자는 0.9%에 불과하다.[41] 아버지만 아니라 어머니 쪽을 보아도 ①대졸 이상 전업주부 ②대졸 이상 직장인 ③고졸 이하 전업주부 ④고졸 이하 직장인 순서로 분포되어 있다.[42] 여기에서 알 수 있

'힐링' 담론의 함정

『멈추면, 비로소 보이는 것들』과 『아프니까 청춘이다』는 삶의 위안이 되는 좋은 말들로 가득하다. 하지만 지금의 이십대들에겐 그런 '아름다운' 말보다 더 실질적인 위로가 필요하다.

는 맥락은 고학력자이자 굳이 맞벌이를 하지 않아도 되는 부모를 둔 환경에서 서울대생들은 살아간다는 것이다. 쉽게 말해, 그들은 '살 만큼 산다'는 얘기다.

서울대 합격자 배출 상위 20개 고교 중 일반고는 3개에 불과하다.[43] 총 25개의 서울 자치구 중 강남·서초·송파, 단 3개의 구에서 서울대에 합격한 서울 출신 일반고 합격자의 70%가 나왔다.[44] 심지어, 『부동산 계급사회』의 저자 손낙구는 서울대 합격률이 아파트 가격과 상관관계를 보인다는 것을 증명한 바 있다.

물론 아버지가 돈 잘 벌어도 공부 못하는 자식들 많다. 반대로 개천에서 용이 나기도 한다. 그렇지만 지금 이 '가능성'은 극단적으로 낮아지고 있다.

비단 서울대만의 문제가 아니다. 한국 대학들의 서열은 단지 수능점수만으로 구별되는 게 아니다. 경제적 지표로도 나뉘어진다. 각 대학에서 공시하는 정보를 바탕으로 학자금 대출현황을 확인해보면 서울지역 주요 23개 대학의 학자금대출자 평균 비율이 재학생 대비 14.5%인데, 서울대와 연세대는 불과 5%대다. 하위 6개 대학은 상위 4개 대학보다 학자금대출자 비율이 11%가 더 높았다.

〈도표 6〉에서 나타난 대로 대학서열과 학자금대출자 비율은 정확히 정비례하고 있었다. 이는 우리에게 부정하기 힘든 진실을 가르쳐준다. 집안에 돈이 더 많을수록 더 서열이 높은 대학에 간다. 못사는 집 애들은 더 낮은 대학에 가고, 대출을 받다 보니 생활이 더

4장 자기계발 권하는 사회를 치유하자!

〈도표 6〉 서울지역 주요 대학별 전체학생 대비 학자금 대출자 비율(2010년 1학기)

단위 : %

대학(여대제외)	대출비율	비고
서울대	5.5	
연세대	5.3	평균
고려대	10.5	7.9
서강대	10.4	
성균관대	11.0	
한양대	11.4	평균
중앙대	13.5	12.0
경희대	11.3	
한국외국어대	13.0	
동국대	15.1	
건국대	8.6	
홍익대	14.0	
국민대	19.1	평균
숭실대	16.1	15.6
세종대	18.2	
단국대	18.2	
광운대	15.4	
명지대	19.5	
상명대	18.2	
가톨릭대	18.4	평균
한성대	19.6	18.9
서경대	19.4	
삼육대	21.5	
평균	14.5	

대학(여대만)	대출비율	비고
이화여대	10.0	평균
숙명여대	12.7	11.4
성신여대	17.0	
서울여대	16.7	평균
동덕여대	19.3	17.4
덕성여대	16.5	
평균	15.4	

(출처: 대학알리미 → 통합비교 → 대학재정
→ 학자금대출)

힘들어진다. 서글픈 악순환이다.

학자금 대출 상환 연체도 마찬가지 패턴을 보인다. 학자금을 제때 갚지 못해 신용불량자가 된 비율을 학교별로 비교해보니 0.6% → 1.2% → 1.8% → 2.1% → 2.7%의 순으로 나타났다. 여기서 최저 0.6%는 서울대, 최고 2.7%는 세종대였는데 그 사이의 순서는 학교 서열과 그대로 일치했다.[45]

이제 '부의 대물림'은 엄연한 현실이다. 상위 10개 대학에 다니는 소득 하위 10%(기초생활수급권자와 1분위, 월평균 가구소득 76만 원) 가구 자녀의 비율은 8.7%로 4년제 대학 평균(12.9%)에 미치지 못한다.[46] 하긴 가난한 사람은 등록금 대기도 힘든 사회에서 당연한 소리일지도. 2010년에 사립대학 평균 연간 등록금이 754만 원이었는데, 이 해에 소득이 가장 낮은(1498만944원) 집단은 1년 소득 대비 등록금 비중이 50%를 넘었다. 1년 동안 번 돈의 절반을 저축해야 겨우 등록금을 마련할 수 있다는 것이다. 고소득(1억165만6256원) 집단의 경우는 그 비중이 7.4%에 불과하다.[47]

이런 사실들을 종합할 때, "오늘날 한국에서 부유한 가정의 아이들이 공부를 더 잘한다는 명제는 부인할 수 없는 '참'이다. 부모의 사회경제적 지위가 높을수록 자녀의 학업성적이 좋고 지위가 낮을수록 부진하다는 사실은 이미 각종 조사와 연구에 의해 거듭 확인되었고, 이는 외국의 수많은 연구결과와도 일치한다".[48] 그리고 그 차이는 최근 더 벌어지는 추세다. 스펙이 개인의 노력이 아니라 '부모의 덕'으로 결정되는 세상이 온 것이다.

이러한 구조적인 불평등에 대한 고려 없이 어떻게 이십대를 위로할 수 있을까? 아무리 인생은 마라톤이라지만, 그래서 이 마라톤에 참여하는 누구나 힘들다지만 누구는 신발조차 없이 뛰고, 누구는 30킬로그램이 넘는 커다란 가방을 메고 뛰고, 또 누구는 다른 사람이 대신 뛰어주기도 하는데 '똑같이' 힘들다고 할 수 있을까? 김난도 교수는 인생을 24시간에 비유하여 이십대의 삶이란 고작 '하루를 시작하는 아침'에 불과하다고 위로하지만, 마라톤으로 치자면 '레이스를 시작하는 초반'부터 선두 그룹에서 뒤처졌음에도 우승한 경우는 거의 없다는 점을 애써 외면하고 있는 셈이다.[49]

학자금대출을 취급하는 대부업체들도 대학들을 1위부터 50위까지 순위 매겨 이에 따라 금리도 다르게 적용하는 세상이다. 똑같이 돈을 빌려도, 학교에 따라서 '이자'를 더 내야 하는 것이다. 누가 더 뒤처질 가능성이 큰가? 답은 뻔하다. 이건 결코 공정한 경쟁이라 할 수 없다. 이런 현실을 간과한 그의 조언이 얼마나 공허한지를 한 대학생은 이렇게 말한다.

그의 조언은 지금 당장에 연연하지 않고 먼 훗날을 도모할 수 있을 만큼 여유 있는 사람들에게만 유효한 것이다. 하루하루 살아가는 것이 힘겨운 청춘들에 그 조언은 공허하다. (…) 취업하고 사회생활을 시작할 때부터, 아니 대학생일 때부터 이미 빚쟁

이인 대학생들에게 빨리 취업하려고 애쓸 필요 없다는 이야기를 해주면 그들은 어떤 생각을 할까? "빚 때문에 무조건 취업해야 한다"는 이에게 '그대라는 꽃이 필 계절은 따로 있다'고 말하면 그는 어떤 생각을 할까? (…) 오늘날 청춘들이 빨리 취업하려고 하는 것은 그들이 조급증에 걸려서가 아니다. 빨리 취업해야만 하는, 그럴 수밖에 없는 상황 때문이다.[50]

김난도 교수는 책에서 "열망에는 아픔이 따른다. 그 아픔이란 눈앞에 당장 보이는 달콤함을 미래의 꿈을 위해 포기해야 하는 데서 온다"라면서, 지금 당장은 힘들고 괴로워도 "언젠가는 꽃을 피울 것"이라고 말한다. 이 논리는 우리가 이제까지 봐온 '자기통제형 자기계발'의 논리와 그 뼈대가 다르지 않다. 목표하는 바를 이루기 위에서는 당장의 현실을 희생해야 하며, 그러다 보면 언젠가는 성공할 날이 온다는 그 이야기 말이다. 그러니까 청춘들은 아파도 참으면서, 희망을 가지고 긍정적으로 살아가라는 것이다.

물론 고진감래(苦盡甘來)를 강조한 것 자체가 무슨 문제이겠는가. 오늘의 이십대에게 이게 전혀 보편적일 수 없는 얘기임에도 매우 보편적인 것인 양 얘기한다는 점이 문제인 것이다. 게다가 우리는 삶의 모든 결과를 자기 책임으로만 떠미는 이러한 논리가 궁극적으로 어떻게 이십대들을 변화시켜왔는지도 보았다. KTX 여승무원 사건, 쌍용차 파업, 시간강사 자살, 교내 환경미화원 등의 사회적 이슈에서 한결같이 취했던 비정한 태도와 동년배 대학생들을 비교하고 무시 · 멸시하는 차가운 시선들 말이다.

공정성을 다시 생각하자

『아프니까 청춘이다』를 비롯한 여러 자기계발서들이 간과한 사회적 현실이란 게 사실 놀랄 만한 뉴스는 아니다. 살면서 누구나 몇 번씩은 들어봤음직한 이야기다. 그런데도 사람들은 자기계발서의 이야기에 별다른 의심을 품지 않는다. 이유가 뭘까? 바로 '능력주의'에 대한 신뢰 때문이다. 쉼 없이 달려온 청춘이 지쳐 쓰러졌는데, '원래 아픈 거다'라는 식의 맥 빠지는 조언에도 폭발적으로 공감하는 건 바로 자기계발 담론의 세계관을 떠받치고 있는 능력주의에 적극 동의하기 때문이다.

스스로 노력하면 능력을 얻을 수 있고, 그에 따라 사회는 차등대우를 해준다는 능력주의. 여기에 누가 이러니저러니 시비할 수 있단 말인가. 세상에 이보다 더 객관적으로 공정한 경우가 또 있겠는가. 그러니 자신의 현재에 불만을 갖는 게 오히려 앞뒤 안 맞는 노릇이다. 자기계발 전도사들의 논리, 그리고 이를 적극 받아들이고 있는 이십대들 사고의 바탕에는 바로 이러한 공정성에 대한 믿음이 확고히 자리잡고 있다. 자기 능력에 따라 보상받는 세상이 뭐가 문제냐는 이야기다.

얼핏 타당한 이야기 같지만, 그러나 여기에는 충족되어야 할 조건

이 있다. 그것이 말 그대로 보편적으로 공정한 것이기 위해서는 말이다. 개인이 한 행동에 대한 상과 벌은 그것이 정당할 때만 수긍할 수 있고, 그것을 위해 참고 버틸 수 있는 체력도 기를 당위가 생기는 것이다. 지난 대선 때, 한 후보가 "기회는 평등할 것입니다. 과정은 공정할 것입니다. 결과는 정의로울 것입니다"라는 슬로건을 제시하여 큰 반향을 일으켰다. 기회는 누구에게나 평등하게 주어져야 하고, 경쟁의 과정은 공정해야 하며, 그 상태에서 결과의 차등적 분배가 정의롭게 이루어져야 한다는 것이다.

이 세 가지 전제가 지켜지지 않는데 주어진 결과만 그대로 받아들이며 참고 버티라고 한다면, 그건 부당한 사회적 차별을 문제 삼지 말라는 것이나 마찬가지다. 그런 사회는 결코 공정한 사회일 수 없다. 그렇다면 우리의 현실은 어떠한가? 기회가 균등하게 주어지고, 과정이 공정하고, 결과가 정의로워서 다들 노력만 하면 되는가? 그걸 좀 따져보자.

기회는
균등한가?

능력주의를 지탱하는 첫번째 조건은 '기회의 균등'이다. 경쟁에 참가하는 구성원들이 동일한 기회를 부여받았을 때(모두가 같은 100미터 출발선에서 준비자세를 하고 있다면!), 그 결과와 그에 따른 차등적 보상은 능력주의라는 이름으로 정당화될 수도 있을 것이다.

흔히 기회 균등을 가늠하는 데 가장 큰 비중을 차지해온 것은 교육이다. 교육이 개인의 신분상승과 유지에 필수적인 조건이 된 산업사회 이후, 기회의 균등은 '교육의 기회'가 얼마나 공평하게 부여되었는지를 놓고 이야기되곤 했다. 교육받을 기회가 없으면 출발선 자체에 오를 수가 없어 사회적 불만이 커질 수밖에 없으므로, 국가는 의무교육을 확대하면서 누구나 교육받을 수 있는 조건을 만들어내기 위해 노력했다. 최소한 달리기에 참여할 자격은 주어야 했기 때문이다.

게다가 그 사람의 사회 계층을 결정짓는 핵심 변수로 작용한 '대학교육'의 유무는 한국 사회에서는 특히 중요한 문제였다. 그러나 이십대의 압도적 다수가 대학에 진학하는 오늘날에는 교육의 기회 균등 문제가 상대적으로 덜 언급된다. 오히려, (자기계발서 흉내를 내자면) 대학까지 다니는 호사를 누렸으면서도 불평불만이 많다며 역정을 내는 사람도 있다. 그런 심정, 충분히 이해는 간다. 대학교육을 받지 못한 서러움 때문에 당했던 온갖 차별을 자식에게 대물림하기 싫어서 어떻게든 자식을 대학교에 보내려 한 한국 부모들의 심정에서 볼 때 말이다. 하지만 지금은 대학교육을 받거나 받았다는 것만으로 공정한 경쟁이 가능하게 됐다고 말하기 어려운 세상이잖은가.

대졸자 백수가 수백만 명이라는 것은, 대학교육 말고도 다른 조건들을 갖추지 않고서는 취업하기 힘들다는 증거다. 기업이 요구하는 수많은 자격과 조건들은 상당한 투자 없이는 쉽사리 개인의 것이 되지 않는다. 과연 공정한 경쟁인가를 가늠해볼 조건이 한층 복잡다단해진 것이다.

예를 들어보자. 요즘 대학생들은 영어실력 향상을 위해 토익학원은 거의 필수로 다니고 어학연수도 심심치 않게 간다. 한국직업능력개발원이 2009~2010년 대학을 졸업한 1만4349명을 조사해 발표한 「부모의 소득계층과 자녀의 취업 스펙」 보고서에 따르면 대기업 취업 확률은 어학연수 경험이 있을 경우 49%나 높아진다. 그런데 부모소득이 월200만 원 미만일 때는 자녀의 어학연수 비율이 10%에 그쳤지만, 월700만 원 이상일 때는 32%였다. 토익점수 또한 부모의 소득에 따라 평균 676점과 804점으로 엄청난 격차가 났다. 토익 점수 10점당 대기업 취업 확률은 3%가 높아진다.[51]

어디 영어뿐일까? 더 나은 면접이나 프레젠테이션을 위한 면접학원과 스피치학원도 성행중이다. 봉사활동이나 공모전도 기업이 중요하게 보는 스펙인데, 등록금과 생활비 마련 때문에 시간이 없어 이런 활동을 제대로 할 수 없는 이십대들은 그만큼 밀려나게 된다. 심지어 어떤 기업은 '와인 면접'을 실시해 구직자가 평소 얼마나 넓은 '문화적 자본'의 세례를 받아왔는지를 확인하는 경우도 있다. 평생 와인 한 병 접할 기회조차 가지지 못한 집단이 상대적으로

4장 자기계발 권하는 사회를 치유하자!

불리할 수밖에 없다. 어느덧 취업을 위한 필수가 되었다는 '성형'도 마찬가지다. 인사담당관의 94%가 채용시 외모를 고려한다는데[52] 누가 외모 관리에 투자하지 않을 수 있겠는가.

이렇게 문제는 대학교육을 받을 만한 경제력이 되느냐 마느냐를 이미 넘어서 있다. 대학등록금 자체도 비싼데다 어학연수나 각종 자격증 취득을 위한 사교육 그리고 고급문화를 즐길 수 있는 취향까지 이게 죄다 부모의 경제력에 달려 있는 일들인데 '기회는 공정

〈도표 7〉 취업준비생들이 스펙 쌓기에 몰두하는 이유

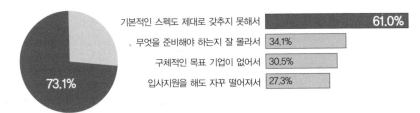

기본적인 스펙도 제대로 갖추지 못해서 **61.0%**
무엇을 준비해야 하는지 잘 몰라서 34.1%
구체적인 목표 기업이 없어서 30.5%
입사지원을 해도 자꾸 떨어져서 27.3%

73.1%

체계적으로 취업 준비를 하지 못하고 있다 (오른쪽은 그 이유)

40.4% 없는 것보다 있는 게 나을 것 같아서
34.6% 남들도 다 가지고 있는 스펙이라서
28.8% 능력을 증명할 수 있는 방법이라서
22.0% 스펙이 다양하지 않으면 불안해서
19.1% 무엇을 갖춰야 유리한지 잘 몰라서

81%

취업에 있어서 꼭 필요하다고 생각하지 않으면서도 준비하거나 취득한 스펙이 있다 (왼쪽은 그 이유)

(출처: 인포그래픽스.kr)

이십대들은 맹목적으로 스펙 투자에 나선다. 그러나 스펙 경쟁은 결국 보다 부유한 집 자식들이 유리해지는 결과를 낳는다.

했다. 그러나 너희들이 열심히 하지 않았다'라는 식으로 결과만 평가하는 건 어불성설이다.

김애란 작가의 「베타별이 자오선을 지나갈 때, 내게」라는 소설이 있다. 주인공 아영이는 재수로 서울 사립대학에 들어가 4년 내내 우수한 성적을 받았고 토익도 900점이 넘는다. 그러나 취업에서 서른 번째 낙방을 하고 스스로에게 묻는다. "혹시 나는 정말 괴물이 아닐까?" 하지만 아영이는 "자기소개서 모범답안은 '잘' 쓰고 아니고의 문제가 아니라, 인생 자체가 잘 쓰여 있어야 하는 것"도 알고 있다. 사회는 그러한 인생을 스펙이라 말한다. 물론 이것을 잘 만들려면 '돈'이 필요하다. 그렇다면 돈은 또 어떻게 벌어야 하는가? 아영이는 등록금도 벅차다. 대학 생활 내내 보습학원에서 일하며 치사하기 짝이 없는 대우를 받아도 버텨야 하는 것이 현실이다. 그래서 그녀는 생각한다. "대체 나아진다는 게 무엇일까?" 이런 아영이에게 '누구나 힘든 거야!'라고 말해서는 안 될 것이다. 맞다. 누구나 힘들 거다. 그런데 누군가는 '더' 힘들다. 사회는 그 힘듦의 불공정한 '차이'를 들여다봐야 한다. 이 차이를 만들어내는 '기회의 불균등'에 대해 사회가 아무런 문제제기를 하지 않을 때, 당사자들은 좌절에 빠진다.

나는 대학에서 서로 다른 기회를 누리고 있는 양극단의 학생들을 접할 기회도 많다. 사회학 강의에서 '나에게 영향을 끼친 사건들'이란 주제로 에세이를 쓰라는 과제를 내보면, 그때 등장하는 키워드

4장 자기계발 권하는 사회를 치유하자!

가 이른바 명문대학과 그렇지 않은 대학이 확연히 구분되어 나타난다. 명문대 친구들은 "외국에서 살다보니" "아버지가 대기업 임원이라서" "어릴 때부터 해외여행을 자주 할 수 있어서" 등으로 자신의 유년기를 기억하는 경우가 많다. 상대적으로 "기초생활수급자여서" "IMF 이후 아버지께서 실직하셔서" "일하시는 엄마를 늘 볼수가 없어서" 등의 어두운 그림들은 나머지 대학들에 비해 등장 횟수가 훨씬 적었다. 이런데도 과연 이십대들이 공정한 경쟁을 하고있단 말인가.

마이클 샌델 교수는 세계적으로 유명해진 자신의 강의에서 능력주의의 근간이 되는 '기회의 균등'에 관한 근본적 물음을 다루었다. 하버드대 강의실. 샌델 교수가 강의를 한다. 한 남학생이 질문을 한다. "왜 하위층만을 위한 정책을 펴는 것이 정당한가요? 능력에 따라 보상을 해주는 것은 정당합니다." 여학생이 반론한다. "능력 위주라면 모두 평등한 위치에서 시작한다고 가정하는 건가요? 저처럼 노력한다고 누구나 하버드에 온다고 생각하지 않습니다." 그리고 샌델 교수가 말한다. "능력 위주 사회에서는 기회가 공정하다고해도 타고난 재능 덕에 자격 없는 사람이 남보다 앞서거나 보상을받습니다. 노력도 노동윤리도 수많은 가정환경에 좌우됩니다. 가정환경은 우리 노력과 상관없습니다. 한번 실험해보죠. 심리학자들은형제간 출생순서에 따라 노동윤리와 노력이 차이가 난다고 말했는데, 학생 중 맏이 손들어 보세요!" 그리고 대다수가 손을 들었고 논쟁은 종료된다. 그리고 샌델의 마지막 말. "나도 맏이였어요. 아까 질문한 남학생도 손들었지요?"**53**

『정의란 무엇인가』에서도 비슷한 맥락으로 소개된 이 이야기는 우리가 흔히 '정당한 대가'라고 생각하는 것이 상당 부분 '자기 것'이 아닌 요소에 영향을 받고 있음을 잘 보여준다. 개인의 능력과 의지는 그 사람 개인의 것이라고 흔히 생각하지만, 샌델이 말하듯 결코 그렇지 않다. 맏이로 태어난 것이 성공에 크게 영향을 주는가 하면, 더 좋은 집안에서 태어난 사람들은 성공할 확률이 명백히 더 높다. 맏이로 태어나거나 좋은 집안에 태어나는 것은 노력으로 어떻게 할 수 있는 문제가 아니다. 물론 아버지 잘 만난 게 죄는 아니다. 다만 그 덕에 공부를 더 잘 할 수 있었다는 사실을 부정하고 '능력주의'만 강조하면, 그 덕이 없었던 사람은 도대체 무슨 잘못이란 말인가?

겉으로는 동일한 출발선인 것 같아 보여도, 이렇게 여러 상황과 조건에 따라 기회는 균등하지 않을 수 있는 것이다. 공부에 대한 동기부여도 가족구조에 따라서 차이가 나며, 부모의 독서습관조차 자녀의 학업성적에 영향을 끼치는 것이 사실이다. 집안이 경제적으로 어려워져서 가정 분위기가 나빠지면 자녀의 심리가 불안정해지면서 학업성적이 하락하기도 한다. 하고자 하는 열정조차도 마찬가지다. '할 수 있다!'는 희망을 가질 수 있는 조건을 누린 선수와, '내가 할 수 있을까?'라는 두려움을 가질 수밖에 없는 조건에 처했던 선수는 같은 출발선에 섰다 하더라도 결코 동등한 상태에 있는 게 아니

4장 자기계발 권하는 사회를 치유하자!

다. 긍정이나 희망이 마음먹는 대로 생기는 건 아니기 때문이다.

희망이 개인 의지의 영역이 아님을 증명하는 자료는 많다. 서울 지역 56개 초·중·고교 재학생 3만7258명의 장래희망을 분석한 「소득에 따라 꿈도 다르다: 소득별·학교별 장래희망조사 보고서」를 보면, 외국어고의 경우 장래희망이 고소득 전문직인 학생이 76%에 이른다. 하지만 실업계의 경우 3%에 불과하다. 반대로 중하위 직종을 꿈꾸는 경우가 외고는 11%에 불과하지만 실업계는 79%에 이른다.[54]

이런 차이는 아버지 직업과도 밀접한 관계가 있다. 서울 지역의 6개 외고(2216명), 6개 일반고(2885명), 5개 실업계고(1577명)을 분석한 「외고·자사고 학생 부모 직업분석보고서」를 보면 외고 학생들은 아버지 직업이 전문직이나 경영/관리직인 경우가 45%에 이르지만, 실업계의 경우는 4%에도 미치지 못한다. 반면 아버지가 기술직이나 비숙련 노동자인 경우가 외고는 1%에 불과하지만 실업계는 37%에 이른다.[55] 정리하면, 희망은 '뜨거운 가슴'만으로는 불가능하다. 돈이 있어야지만 가슴도 뜨거워질 수 있단 얘기다.

부자 동네와 가난한 동네의 초등학교 6학년을 조사한 대구 MBC의 〈교육을 말한다〉라는 프로그램은 계층에 따라서 장래희망이 어떻게 차이가 나는지 잘 보여준다.

아버지의 학력은 아버지의 소득을 결정짓고, 그 소득은 자녀가 어떤 교육을 받는지 결정하고, 이는 자녀의 '꿈'으로 이어진다. 개인

〈도표 8〉부자 동네, 가난한 동네 초등학교 6학년생 설문조사 결과[56]

1차 구분	2차 구분	A 초등학교	B 초등학교
아버지 관련	학력이 대졸 이상	86%	33%
	직업이 전문직 및 고위공무원	34.9%	3.6%
사교육	평균 사교육 개수	3~4개	1개
	초등학교 이전 영어공부	43.4%	8.2%
	영어공부를 위한 해외여행	20.9%	1.8%
희망 직종	전문직 및 고위공무원	47%	15%
	가장 많은 학생이 희망하는 단일직업	의사	교사
	각자 학교에만 있는 희망직업	UN사무총장, 로봇공학자, 외교관, 변호사, 경영 컨설턴트, 자동차 디자이너, 대기업 CEO	제빵사, 요리사, 네일아티스트, 킥복싱선수, 동물조련사, 사육사, 태권도 사범 등
희망 대학	해외대학	7.6%	0%
	서울지역대학	27.9%	6.4%

이 어쩌지 못하는 사회적 요인은 어느 중학교 교사의 다음과 같은 경험담에서도 알 수 있듯이 '개인의 희망'과 긴밀히 연결된다.

방학 숙제로 자기가 하고 싶은 직업 현장을 찾아가서 리포트를 써오도록 했다. 35명 한 반에서 4명만 해왔는데, 넷 다 '래미안'에 산다. 집이 여유가 있으니 학부모가 내신에도 안 들어가는 숙제를 챙겨주고, 학생들은 다섯 장짜리 방학 숙제를 제본까지 해서 들고 왔다. 리포트한 직업도 의사 아니면 변호사다. 아버지가 그런 직종에 있어서 접근이 쉬웠던 거다. 다른 학생들? 우선 이렇다 할 꿈이 없고, 내신 반영 안 되는 숙제까지 관심 가질 부모가 없고, 무엇보다 직업 현장에 접근 경로가 없다.[57]

누가 그랬던가, 가난하다고 꿈조차 가난할 수 없다고. 하지만 실상은 그렇지 않은 경우가 훨씬 많다. 그저 사람들이 '출발선에 함께 서 있다'는 것만으로 기회 균등이라 정당화할 수 없는 이유다. 할 수 있다는 각오, 그러니까 일종의 '동기부여'도 누구나 얻을 수 있는 만만한 것이 아니다.

"어떤 사람들은 투 스트라이크를 맞은 상태로 인생을 시작하는가 하면 어떤 사람들은 3루에서 태어난 주제에 자기가 3루타를 쳤다고 생각하며 산다"[58]는 말이 있다. 3루에 있는 사람은 홈이 바로 눈앞이니 홈인할 수 있다는 희망을 쉽게 품을 수 있을 것이다. 그러나 이미 투 스트라이크에 몰린 사람은 그런 희망을 품기조차 힘들고, 마음이 쫓겨 삼진당할 확률이 높다. 이런 상황을 공정하다 할 수 있을까? 이런 상황에서 모든 사람에게 똑같이 희망을 품고 노력하라 말하면 될까? 희망, 그건 개인에게 강요할 것이 아니라 사회의 모순을 해결함으로써 자연스레 생겨나도록 해야 한다. 사회가 진정 공정해지면 절로 희망이 부풀기 마련이다. 기회의 균등은 그럴 때 '실재'할 수 있는 것이다.

과정은
공정한가?

민주주의 사회가 자리잡아가는
도정에서 '과정의 공정성'은 반칙하지 않는 걸 의미했다. 100미터
달리기를 할 때 먼저 출발한다거나 남을 방해하거나 하면 실격 처
리를 당하게 된다. 또 남의 도움을 받아도 안 된다. 능력주의가 인
정받기 위해서는 바로 경쟁의 과정이 공정했다고 참여자들이 수긍
해야 한다. 한국 사회에서는 혈연 · 학연 · 지연이 대표적으로 이런
과정의 공정성을 훼손하는 요소였다. 핏줄이니까 끌어주고, 같은
동문이니 좋은 정보를 먼저 흘려주고, 동향이 아니라는 이유로 옆
라인에 슬쩍 장애물을 갖다놓는 식이었다. 한국 사회에서 이 문제
는 여전히 해결되지 않고 있다.

하지만 자기계발서는 이를 착시하게끔 한다. 사회에 만연한 반칙
과 장애물은 건너뛰고, 그런 대로 공정한 룰에 따라 돌아가는 사회
를 전제로 얘기한다. 자기계발서가 나름의 성찰을 개인에게 주어
열심히 살아가게끔 하는 동력도 바로 여기서 나온다. 왜냐하면 독
자들은 자신과 유사한 상황에서도 어떻게든 성공한 케이스를 보기
때문이다. 예를 들어, 자신과 마찬가지인 '지방대'라는 자격을 가지
고 있는 주인공이 보란 듯이 좋은 결과를 달성하는 스토리를 접하
는 순간, 여태껏 지방대라는 사회적 낙인이 자신을 막아섰던 현실

4장 자기계발 권하는 사회를 치유하자!

은 무시되고 변명도 안 통한다. 그러면서 '학력차별, 그런 건 이제 사라졌습니다!'라는 문구를 받아들일 수밖에 없게 된다. 이렇게 하여 경쟁의 과정은 공정성을 획득한다.

신체차별의 경우를 보면, 과정의 공정성 문제가 결코 간단치 않다는 점을 쉽게 알 수 있다. 재미난 사례를 하나 보자. 키가 1cm 클수록 연봉이 1.5%(연간 40만 원 가량)의 차이가 난다고 한다.[59] 그런데 세상에 그 어떤 CEO가 키를 보고 월급을 다르게 주겠는가. 누가 키를 보고 승진을 시켜주겠는가. 만약 그랬다면 '과정의 공정성'에 정면으로 위배되는 짓이다. 하지만 CEO들은 하나같이 말할 것이다. "나는 역량에 따라서 다른 보상을 했을 뿐이다. 그런데 결과가 키와 상관이 있었을 뿐이다"라고. 맞다. 키를 가지고 차별을 하는 사람은 없다. 그러나 문제는 CEO 입장에서 볼 때, '좋은 회사원'의 역량을 하필이면 키가 클수록 더 많이 가지고 있는데 어쩔 것인가. 예를 들어, 리더십·대인관계술·적응력·자신감 같은 거 말이다.

키가 큰 사람들은 예전부터 키가 컸을 것이다. 그러면 어렸을 때부터, 자연스레 조장이 되고 반장이 되길 권유받는다. 그렇게 사람을 통솔하고 관리하는 습성을 천천히 익힌다. 회사에서 인정받기에 유리한 성격이 만들어지는 것이다. 당연히 이는 나중에 회사 내에서 본인의 역량을 인정받는 중요한 자산이 되었을 것이다. 이처럼 아무도 '키'라는 걸 경쟁의 잣대로 사용하지 않았지만, 결과적으로 '키'는 경쟁 과정에서 누군가에게 유리하게 작용한다.

교육사회학에서는 이에 대한 논의가 많은데, 그중 교사들이 학생들을 우수생과 열등생으로 구분할 때 학생들의 출신계층에 영향을 받는다는 연구는 곱씹어볼 만하다. 아론 시쿠렐(Aron Cicourel)과 존 키츠세(John Kitsuse)는 고등학교 진학반과 비진학반을 편성하는 과정을 면밀하게 관찰했는데, 이때 교사들이 객관적인 자료에만 근거해서 학생의 반 배치를 결정하는 것이 아니라, 학생의 언어와 행동에 대한 차별적 인식, 나아가 부모의 압력 등도 고려함을 발견한다.[60] 좀 더 쉽게 설명하자면 이런 거다.

같은 반 친구인 A와 B는 성적이 어슷비슷하다. 하지만 A는 부잣집 아이고 B는 가난한 집 아이다. 그런데 정원 때문에 이들 중 한 명만 '서울대 진학반'에 들어갈 수 있다고 하자. 만약 이런 상황이 있다면, 교사는 어떤 선택을 할까? 시쿠렐과 키츠세의 논의로 보자면, 교사는 과연 B가 서울대 진학반에서 잘해낼 수 있을까 하는 걱정을 먼저 하기 시작한다. 그러면서 A가 그래도 더 잘할 확률이 높으리라고 가정하며 A를 선택한다.(또 이 교사는 A가 탈락했을 때, '부자 부모'의 반응도 두려워한다. '왜 내 아이가 탈락했느냐!'면서 부모가 소란을 피울 때, 과연 설득할 수 있을지를 걱정한다는 것이다.) 이로써 B는 사회가 그리도 강조하는 '능력'을 갖추었지만 너무나 쉽게 기회를 잃는다. 그렇다고 이 교사가 집안형편에 따라 학생들을 차별하는 교사였을까.

80평 아파트에 거주한다고 누구를 더 편애한다면 이는 정말 나쁜 교사다. 그러나 선생님 입장에서는 집안환경이 좋은 아이들이 '기특한' 특징을 많이 갖고 있기 십상이다. 이들은 여건상 숙제도 잘 해오고 아는 것도 많고 또 호기심도 많다. 칭찬받을 확률이 높을 수밖에 없다. 이렇게 평등한 교육과정 안에서도 불공정한 경쟁이 자리할 구석은 얼마든지 있단 얘기다. 과정의 공정성 속에는 이처럼 개인의 의지와 상관없는 사회적 요인들이 촘촘히 얽혀 있다.

맷집의 사회학

출발의 공정성이라 할 기회 균등은 물론이거니와, 과정의 공정성이 의심되는 일들을 몸소 절절히 겪고 있는 이십대들에게 자기계발 담론의 기막힌 언변술이 등장한다. '모두가 불공정한 과정을 겪고 있다! 그러니 다 똑같은 조건이다!'라는 식으로 요약할 수 있는 주장은 그렇게 등장한다.

자기계발서의 유명 저자이자 스타 강사로 이름을 날린 김미경이 강연에서 가장 많이 언급하는 단어 중 하나는 '맷집'이다. 성공하기 위해서는(사실, 성공도 아니다. 그냥 이 세상에서 버티기 위해서는) 그 과정에서 겪게 되는 차별과 멸시 정도는 꾹 참고 이겨낼 줄 알아야 한다는 것이다. 얼핏 진심어린 위로처럼 들리겠지만, 여기에는 대전제가 빠져 있다. 내가 상대로부터 당하는 건 그것이 정당할 때 수긍할 수 있으며, 또 설사 부당하더라도 참여자 모두에게 균등하게 부과될 때나(예를 들어 군대처럼) 이를 '참고 버틸 수 있는 체력'을 기를 당위가 생긴다는 점. 하지만 이런 전제를 따지지 않고, 그저 참고 버틸 맷집만 강조한다는 것은 때리는 사람은 아무 죄도 없다는 이야기가된다.

힘들게 살아가는 건 다들 마찬가지라며 과정의 불공정성을 모든 사람이 겪는 '동일한 조건'으로 착각하게 하는 공간에서 살아남을 자는 딱 두 종류다. 하나는 상대적으로 피해를 덜 당한 사람. 덜 아프니 자연히 더 버틸 수 있다. 여기서 이미 과정의 공정성은 파괴된다. 다른 하나는, 엄청난 수난도 이겨낼 수 있도록 본디 강하게 타고난 사람. 이들이 끝까지 버틸 확률이 높다.

이런 상황을 한번 가정해보자. 연세대 출신과 지방대 출신이 있다. 이들 모두 대기업에서 임원까지 승진하고 싶은 꿈이 있다. 그리고 입사 당시 둘 사이에는 어떤 역량의 차이도 없다고 하자. 또 이 회사에선 승진 기회도 완벽히 공평하게 주어진다고 하자. 그렇다고 이 둘이 임원으로 승진할 확률은 같을까? 물론 그렇지 않다. 왜냐하면 이 둘을 바라보고 있는 주변의 시선이 익히 불공정하기 때문이다. 이를테면, 이들은 회사에서 어떤 사소한 실수를 했을 때 서울대 출신 아무개 상사로부터 온갖 멸시를 당할 것이다. "지방대/연대밖에 못 나왔으니 그것도 못하지……" 이런 식으로 말이다. 이때 느끼는 수치심과 고통은 두 친구에게 동일할까? 이 두 친구가 느끼는 학력차별의 강도 또한 동일할까?

이 둘 중 누가 더 맷집이 좋은지, 즉 이런 대우에 더 잘 버틸 수 있는지 생각해보자. 상식적으로 보건대, 연세대 친구일 것이다. 쉽게

4장 자기계발 권하는 사회를 치유하자!

말해, 연세대는 '서울대' 앞에서만 작아질 뿐이다. 하지만 지방대 출신 친구는 툭하면 이런 수모를 겪을 텐데, 지방대 출신을 무시할 권한이 있다고 믿는 대학 출신들이 어마어마하게 많은 까닭이다. 서울대 출신 상사뿐만이 아니라 서강대·성균관대·중앙대·국민대·상명대 출신 상사 등 많아도 너무 많다. 거의 모든 상사가 그를 무시할 것이다. 결국, 똑같은 실수를 해도 지방대 친구는 더 많이 맞고, 더 아프게 맞는다.

　주변의 시선이 개인의 역량 발휘에 뭐가 그리 중요하냐는 사람들에게는 '피그말리온 효과'가 답이 될 수 있겠다. 교사가 가지고 있는 학생들에 대한 기대와 편견이 그 학생의 성적에 그대로 반영되는 경우가 그 대표적인 예다. 무작위로 학생 20%를 선정해 교사에게 'IQ가 높은 학생들'이라고 알려줬다. 8개월 후 'IQ가 높은 학생들'이 다른 학생들보다 학업 성적이 향상되었다는 것이다. 반대로 교사들이 '능력 없는 학생들'이라고 믿는 학생들은 성적이 떨어졌다. 여러 실험에서, 누군가에 대한 주변의 믿음이나 기대가 얼만큼 그 사람에게 큰 영향을 주는지는 반복적으로 확인된 사실이다.

　우리의 지방대 친구와 연세대 친구의 경우를 대입해보자. "네 주제에 그렇지 뭐" "수준이 그것밖에 안 돼?" 이런 식으로 회사에서 멸시와 핀잔이 잦아지면 지방대 친구는 상시적으로 위축되고 불안에 떨 것이다. 당연히 회사에서는 상대적으로 더 자신감이 있는 연세대 친구를 중용할 것이다. 그렇게 기회는 차별적으로 부여되고 이 차이는 실제 '역량의 차이'로 고스란히 이어진다. 그리고 이 역량 차이가 결국에는 학력위계주의의 합리적 근거가 된다.

CPA의 사회학

아무리 그래도 경쟁 사회에서 차별 대우는 불가피한 일이고, 그 객관적 기준으로 '능력'만한 잣대가 어디 있겠느냐는 반문은 얼마든지 가능하다. 학력위계주의의 처참한 실상을 강의시간에 언급할 때마다 나는 학생들에게서 "능력 자체에 차이가 있다는 걸 부정할 수는 없죠. 고시처럼 오로지 성적만으로 뽑는 시험에서도 학교서열에 따라 합격률이 다르잖아요" 하는 반론을 많이 들었다.

나는 학교별 역량 차이가 현실적으로 존재한다는 것 자체를 부정하지 않는다. 실제로 고시 합격률, 대기업 합격률 순위는 대학서열에 거의 비례한다. 하지만 그 수치가 차별을 정당화할 근거일 수는 없다. 왜? 그런 차이에는 이미 불공정한 과정이 개입돼 있기 때문이다.

CPA(공인회계사) 시험에서 합격을 결정하는 데 '학교이름'은 전혀 영향을 끼치지 않는다. 모두에게 기회가 열려 있고 점수대로 당락이 결정될 뿐이다. 내가 만난 재준이와 범진이는 이 시험을 준비했다. 재준이는 서울 상위권대에 다니고 있었고, 범진이는 경기도 소재 학교에 다녔다. 이들은 준비한 첫 해 둘 다 1차 시험에서 떨어졌다. 그리고 재준이는 그 이듬해에 2차까지 합격해서 지금은 연봉 7000만 원을 받으면서 굴지의 회계법인에서 일하고 있다. 하지만

4장 자기계발 권하는 사회를 치유하자!

범진이는 그 다음해에 시험 자체를 포기했다. 그 이후 9급 공무원시험을 준비하다, 지금은 제약회사 영업사원이 되어 본봉 120만 원에 인센티브에 따라 아주 운이 좋으면 300만 원 정도 번다. 자, 이 두 명의 현재 삶은 공정한 경쟁의 대가일까? CPA 시험에 학력 변수가 개입하지 않았으니, 이 결과는 공정한 걸까?

모든 시험이 그러하듯이, CPA 시험 역시 한번 도전해볼까 하는 기획단계와 실제 결심 및 준비단계 그리고 응시 및 실패했을 시 재도전의 순으로 진행된다. 재준이는 최초 결심부터가 매우 자연스러웠다. "넌 언제쯤부터 준비할래?"라는 말을 경영학과에 입학할 때부터 친구들에게서 들었다. 교수들은 강의중에도 "여러분 같은 인재들은……" "우리 학교 정도면……" 하면서 자신감을 심어줬다. 그렇게 결심을 하니 부모님들은 "그래 넌 충분히 될 거야!"라고 다독여주신다. 그러나 범진이는 달랐다. 일단 그 학교에서는 아무도 CPA에 관심이 없었다. 정보가 없는 정도가 아니라, "우리가 무슨 CPA 준비냐"는 빈정거림이 더 많았다. 부모님도 시큰둥하신다. 사실 부모님은 그게 어떤 것인지도 잘 모르셨다.

본격적으로 들어선 시험 준비 과정은 완전히 달랐다. 재준이는 학교의 최첨단 신축건물 안에 있는 고시반에 들어갔다. 샤워시설은 물론 휴식을 위한 배려도 잘 되어 있다. 오직 공부에만 매진할 수 있는 최적의 환경이다. 학교에서는 노량진에서 우수한 강사를 초빙해주기도 한다. 동문선배들이 찾아와서 회식자리를 만들고 격려해준다. 이 자리에서 매우 유용한 수험정보들도 얻는다. 이런 과정을 통해 시험 준비는 착착 진행된다. 심지어 연애를 해도, 축구를 해도, 영화를 보러 가도 그 고시반 학생들과 함께한다. 그렇게 하루 24시간 자체가 그 시험을 위한 정보가 돌고 도는 의미 있는 순간이 된다.

하지만 범진이는 고립무원이다. 어떻게 준비해야 할지 모른다. 그래서 학원을 찾아간다. 오고 가는 시간만 3시간이다. 학원에서는 어느 정도 기초가 있다는 전제하에 수업이 진행된다. 그래서 그건 별도로 준비하려고 하는데 혼자서는 힘들다. 그렇게 이도 저도 아닌 채 몇 개월을 보낸다.

그러다가 1차 시험이 있었고 두 명 모두 떨어진다. 그런데 재준이 주변의 분위기는 재도전을 격려하는 쪽이다. 그는 위축되지 않는다. 불합격에 대한 친구들의 반응은 "이번엔 연습게임한 거니까, 다음에 붙을 거야!"라면서 대수롭지 않다는 분위기다. 교수는 "이번에 대충 어떤 건지 살펴본 거니까, 담에 제대로 하면 잘 될 거야!"라면서, 재준이의 '원래 실력'은 그렇지 않음을 강조한다. 대기업 이사인 아버지는 "푼돈 벌 생각하지 말고 차근차근 준비하라!"면서 전혀 실망하지 않고, 조급해하지도 않는다. 그렇게 1년을 다시 준비한 재준이는 그 다음해에 합격했고, 지금은 '빅4'에 해당하는 회계법인에 있다.

하지만 범진이는 떨어졌을 때 가족들 반응을 아직도 잊지 못한다. 어머니는 "솔직히, 좀 힘들지 않겠니? 아버지가 지금 아프신

4장 자기계발 권하는 사회를 치유하자!

데⋯⋯"라면서 재도전이 아니라 얼른 돈벌이에 나서길 바란다. 동생은 한술 더 뜬다. "처음에, 내가 뭐랬어? 시간낭비라고 했어, 안 했어? 형도 제발 철 좀 들어. 아버지 지금 저러신데 시간이나 낭비하고 있으면 되겠어!" 마치 이런 상황을 예견이나 한 것처럼 목소리를 높인다. 한 후배는 이 소식을 듣고 "선배, 이야기 들었는데요, 솔직히 저희가 되겠어요? 괜히 쓸데없는 데 투자하시는 것 아닐까요?"라고 당돌하게 말한다. 이 정도면 사람 미친다. 이 상황에서도 굳은 의지로 버틸 사람이 얼마나 될까? 사실상 온 세상이 범진이에게 이렇게 말하는 것이다. 넌 원래 떨어질 놈이었어!

범진이 머릿속에 '내가 정말로 시간을 낭비하고 있는 것 아닐까?'라는 생각이 고개를 든다. 슬슬 다른 길을 고민하게 된다. 그렇게 범진이는 CPA를 포기하고 공무원 쪽으로 눈을 돌렸다. 5급 행시를 한 2주 정도 생각하다가, 다시 7급 공무원을 한 2개월 고민했고, 최종적으로는 9급 시험 준비에 들어갔다. 하지만 이것도 잘 되지 않는다. 이마저도 떨어지면 다른 이들이 얼마나 자신을 비웃을지 생각하니 심장이 두근거린다. 결국 범진이는 한 선배의 소개로 작은 제약회사의 영업직 사원이 되었다.

사회는 늘 최종적인 결과가 곧 '개인적 역량 차이'가 객관적으로 나타난 것으로 본다. 그렇게 CPA 합격률, 고시 합격률, 대기업 취업률, 토익점수를 이해할 것이다. 하지만 주어진 상황과 환경에 따라 변할 수 있는 경쟁력을 그 사람의 절대적 경쟁력으로 간주해버리는 건 분명 불공정한 일이다. 이런 문제점들을 뭉개버린 채 그저 '능력 차이'를 이야기한다는 건 부당한 일이다.

결과는
정의로운가?

우리는 흔히 기회가 평등하고 과정이 공정하면 그 결과도 공정한 것이리라 믿는다. 비정규직 노동자의 정규직 전환을 완강히 반대하는 지금의 대학생들이 가지고 있는 논리의 핵심이 이것이다. 기회와 과정에 문제가 없다면(물론 앞서 봤듯이 이건 많은 경우 착시이지만) 사람들은 자신의 결과에 책임질 줄 알아야 한다는 것이다. 하지만 기회와 과정이 공정하기만 하다면 그 결과가 어떤 모습의 것이든 그대로 받아들여야 하는 걸까? 예를 들어, 어떤 사회는 가장이 하루 8시간 정도의 노동을 해서 3인가족 정도가 부자로는 아니어도 평범하게는 살 수 있다. 반면 어떤 사회는 뼈 빠지게 일해도 제 한몸 먹고 살기에도 벅차다. 기회와 과정이 공정했었다 해도, 최저임금 수준이나 노동환경 여건에 따라 그 결과는 이렇게 다를 수 있다.

설사 그간 출발과 과정에서 매우 공정했다 하더라도, 예컨대 비정규직 노동자들은 급여가 정규직의 46%에 불과하다? 하는 일은 똑같거나 더 힘든데도? 비정규직은 당연한 권리인 점심시간 1시간을 보장받는 비율도 64%에 불과하다. 햄버거 한 개도 못 사먹는 시간당 최저임금을 100원만 올리자고 해도 기업들은 난색을 표한다. 매년마다 재계약을 해야 하는 노동자들의 불안감을 줄이기 위해 정규직 일자리를 좀 늘리자는 것도 자유경쟁 논리에 맞지 않단다. 그래서 대학을 나오고도, 즉 16년을 자신에게 투자하고 살아왔으면서도 '빈곤층'이 될 수밖에 없는 사람들이 상시 대기중이다. 어떤 나라는 '5' 정도의 에너지로 살아도 가족을 꾸리고 일정 정도 시간이 지나면 집을 장만하고 가끔 여행도 다니는데, 왜 우리나라는 '10' 이상의 에너지를 쏟아부으며 사는데도 자꾸만 미래가 더 불안해지는 것일까? 이런 결과가 정말 공정한가? 도대체 공정성이란 게 뭘 말하는 것인가?

월 110만 원을 받는 대학교 환경미화원 노동자들이 식대를 좀 올려달라는 시위를 했는데, 이를 강의 때 토론에 부친 적이 있었다. 그때 어떤 학생에게서 나온 말이다. "110만 원이면 최저임금도 아닌데, 적은 돈도 아니지 않은가?"

적은 돈이 아니라고? 110만 원을 받을 때, 한 끼에 4000원으로 3인가족 한 달 식비를 계산하면(4000원×3인×3끼×30일) 한 달에 2만원이 남는다. 이 사람이 가장이라면, 이 가족은 그 흔한 과일조차 어쩌다 한 번이라도 입에 댈 수도 없다. 누구라도 아프면 그날로 가족은 풍비박산이다. 자녀들은 대학교 때부터 학자금 빚 덩어리에 짓눌리게 된다. 그래서 계속 가난해질 수밖에 없다. 그냥 놀고먹는 게으른 사람이라면 모르되, 새벽에 첫차를 타고 오는 성실함은 물론이고 학교에서 가장 궂은일을 도맡아 열심히 사는 사람임에도 희망이 없다. 현재 한국 사회에서 '110만 원'은 3인가족이 살 수 있는 돈이 아니니까. 이게 과연 공정한 사회일까?

출발선과 과정에서 공정했다고 그 결과의 공정성이 저절로 완성되는 게 아니다. 마지막 결과된 모습까지 공정해야 그게 공정한 사회인 것이다. 진정한 공정성은, 예컨대 출발과 과정에서 공정을 기했음에도 평범한 노동자가 하루 8시간 열심히 일하고도 3인가족이 최소한의 생활을 꾸려갈 수 없다는 결과가 나왔다면 그 모자란 만큼을 채워놓는 데 있다. 그래야 결과의 공정성도 이뤄냈다고 할 수 있지 않겠는가.(학업 성취와 계층변수의 강력한 밀착성을 조사한 '콜먼 연구서'는, 부모의 계층이 결과에 큰 영향을 주는 사회에서 그저 교육기회를 주겠다는 식의 선심성 복지로는 사회 불평등을 해결할 수 없음을 강조한다. 나온 결과 그 자체가 공정하지 못한 것이니, 차별을 줄일 수 있도록 그에 대한 직접적인 보상이 필요하다는 것이다. 결과의 공정성에 대해 시사해주는 바가 크다.)

그런 관점에서 이제 우리의 현실을 돌아보라. 온갖 공정하지 못한 기회와 과정으로 인해 나타난 결과의 피해자들이 그 결과에 대한 '책임'을 자기 스스로 지고 있다. 이런 상황에서는 비정규직이 피해를 입는 것은 그들이 못나서고, 대학생들이 학교서열에 따라 멸시와 차별을 받는 것도 그들의 능력이 부족해서다. 우리는 이런

4장 자기계발 권하는 사회를 치유하자!

부당한 상황을 앞에서 이미 숱하게 봐왔다.

이 책에 등장한 이십대 대학생들은 이 사회에 깊게 침윤된 자기계발의 논리를 그대로 받아들인 나머지 일종의 '피해자 탓하기'에 익숙해져 있다. 그러나 한 개인이 경쟁에서 밀려나는 이유에는 여러 가지 변수가 얽혀 있다. 단지 '더 노력하지 않아서'라고 말할 수 없는 여러 지점이 있다는 것이다. 그렇다면 사회는 출발과 과정의 공정성에서 차별을 받았던 사람들에게 '결과의 차별'을 통해서라도 충분히 보상을 해줘야 하지 않겠는가.

그따위 위로는
당장 멈춰라!

나는 이 책의 작업을 통해 이십대가 어떤 상황에 놓여 있는지, 그 상황이라는 압력의 무게가 얼마나 끔찍한 것인지를 날것 그대로 보고자 했다. 이들은 자신들이 하루아침에 인생막장 구렁텅이로 떨어질 수 있는 존재란 걸 누구보다 잘 알고 있었다. 그러니 주변을 맴도는 온갖 조언에 귀를 기울일 수밖에 없고, 그에 따라 '자신이 원하는 길'이 아니라 '돈이 되는 길'을 가야만 했다. 그러기 위해서는 다른 사람들이 다 하는, 가장 검증된 방식을 무조건 따라야 했다. 이처럼 생각하는 것, 행동하는 것 모두를 이미 정해진 틀 안에서 판단했다.

그렇게 길들여진 이십대의 모습을 최대한 있는 그대로 보여주고자 의도한 일이지만, 이 책을 작업하는 내내 나는 이십대들에게 미안했다. 시원한 해결책 하나 제대로 제시하지 못하면서, 사회학적으로 조망해본다는 미명 아래 고의적으로 이십대들의 가장 적나라한 모습들에 확대경을 들이댄 꼴은 아닌 걸까? 나는 이십대가 어떻게 짓눌려 있는지, 그리고 그렇게 짓눌린 결과를 어떻게 드러내고 있는지를 강의실 안에서 치열한 토론을 통해 서로 공유했다고 자부하지만, 또 그것이 이십대들에 대한 내 나름의 사회학적 위로 방식이었다고 믿지만, 그러나 공감대는 거기까지였다. 수업을 벗어나면 이십대들은 다시 거대한 장벽 앞에 가로막혀 버린다. 도무지 이들에게는 그것을 뚫을 힘이 없다.

내 수업을 들은 한 학생으로부터 온 메일만 봐도 그걸 역력히 느낄 수 있다. 이게 딱히 유별난 케이스가 아니다. 그 요지는 "엄마가 싫다"는 것이었다. 이게 무슨 소린가 하면, 엄마는 늘 막무가내였단다. 엄마는 "인생이란 그런 거야!"라는 말로 자신을 수능배치표에서 갈 수 있는 가장 높은 대학에 지원시켰고, "돈이 안 돼!"라는 말로 역사학이 아니라 경영학을 선택하도록 했다. 그리고 "혹시 사회에서 오해할지도 모른다"면서 특정 교양과목을 수강하는 걸 우려했고, "별수 없잖아"라는 말로 어느 날 토익학원을 등록시키고 다음은 어학연수를 보내더니, "그동안 엄마 고생한 것 생각해서라도 너는 꼭 성공해라"면서 당연히 S그룹에 입사하길 강권했다. 그리고 "남들이 다 하는 걸 따르는 것이 가장 안전하다!"며 그 회사에서 원하는 인재가 되라, '남 탓'하는 건 기업이 가장 싫어하는 모습이다, 늘 긍정적이어야 한다고 강조하신단다. 그리고 늘 시중에서 제일 잘 나간다는 '자기계발서'를 사다가 자신에게 권한다는 것이다. 이 학생은 질식할 것 같은 이런 환경에서 자신이 그저 적응하는 것 말고 도대체 무엇을 할 수 있겠느냐며 하소연했다.

그렇다. 지금의 이십대는 IMF 이후 '돈만 벌면 된다!'는 것이 만고진리인 세상에서 유년을 보냈고, 지금은 오직 기업에 취업시키는 것을 지상최대 과제로 여기는 대학에서 '세상이 이런 거다!'라는 논리를 배우고 있다. 그렇게 '잘 팔리는 상품'이 되기 위한 통속의 길을 걷길 강요받은 채, 이에 대한 어떤 불신이나 이의제기도 허용되지 않는다. 그저 자기계발에 투신하는 것만이 허용·권장·격려될 뿐이다.

그러나 자기계발의 세계에서 말하는 '치열해지는 것'을 모두에게 강요하는 건 굉장히 어리석은 짓이다. 이건 간단한 이치다. 어떻게 하면 원하는 회사에 들어갈 수 있는지를 알려주는 자기계발은 전체 역량의 평균값을 상승시키는 결과가 분명 있다. 하지만 기업은 이십대들을 '절대평가'하지 않는다. 어느 수준에 이른다고 누구나 받아주지 않는다. 애초부터 그 문을 통과할 사람은 가장 위쪽의 일부뿐이다. 그런데 이 '상대평가'에서도 A등급에 배정된 자리의 절대치 자체가 계속 줄어들고 있다. 게다가 역량의 정도에 상관없이 단지 '아래쪽'에 있다는 이유로 주어지는 C등급은 그 대우가 더욱 야박해졌다. 이러니 개인이 느끼는 박탈감은 누진적으로 커질 수밖에 없다. 이처럼 '사회적 문제'가 사회적으로 해결되지 않은 상태에서 자기계발만 무작정 한다는 것은 아파할 사람만 자꾸 더 만들어내는 노릇일 뿐이다.

그저 사람답게 살기 위해 '초인'이 되어야 하는 사회는 무능하기 짝이 없는 사회다. 그런데도 초인적 노력으로 사회구조의 장벽을 뚫은 그 미세한 확률에다 사람을 몰아넣는 자기계발의 이야기들이 판치고 있는 세상이다. '자기계발서'라는 렌즈로 세상을 바라보게 된 이십대들은 자기통제의 고통을 참아내고자 스스로에게 방어막을 친다. 자신이 경험하는 차별이 부당하다고 말하는 순간 '자기계발의 패배자'로 낙인찍히는 사회를 살아야 하는 이십대들은, '사회적 차별'을 수긍할 수밖에 없다. 그 차별에 자신이 당하는 것을 인정할 뿐만 아니라, 자신이 남을 차별하는 것 역시 정당화한다. 그렇게 위계화된 학교서열에 대한 집착은 이십대에게 가장 통속적인 자기방어기제가 되었다.

고작 스무 살에 불과한 친구들이 입학과 동시에 서로를 외고 출신인지 아닌지, 외국에서 살아본 적 있는지 없는지, 그리고 강남 3구에 사는지 안 사는지에 따라 서로를 '당당하게' 구분 짓는다. 만우절에 교복 입고 오는 이벤트를 하면 몇 개의 특목고와 서울대 많이 보내기로 소문난 학교 출신들만 그날을 즐기며 티낸다. 어떻게든 '나'의 가치는 드러내야 하고 남의 가치는 밟아야 한다. 이런 멸시는, 예컨대 충청권 소재 한 대학을 다니는 친구에게 어느 학교 다니냐고 물으면 "천안에 있는 대학 다녀요"라는 식의 애매한 답이 나오게 만든다. 우리 학교? 서울의 몇 학교를 빼면 '우리 학교'라고 잘 하지 않는다.

서울대 내에서는 지역균형선발자를 '지균충'으로, 기회균등선발특별전형자(저소득층, 농어촌학생, 장애인 등)를 '기균충'이라면서 비하하는 경우가 허다하다. 많은 이들이 "누구는 특목고에서 힘들게 공부하고, 누군 지방에서 놀다 들어오고"라는 논리를 앞세워 공공연하게 이들을 무시한다.[61]

노량진의 한 편입학원에는 "지금 여기에서 떠드는 사람, ○○대학생이 됩니다!"라는 메모가 복도에 붙어 있다. 그렇게 이십대는 동년배 세대 '내'의 비균질적인 상태를 유지한다. 그리고 이런 세대 내의 문제는 당연히 외부적으로 문제화되기가 어렵다.

모두가 누군가를 멸시하고 누군가에게 멸시받는다. 그래서 '보란 듯이 갚아주겠다는' 자기계발에 몰입한다. 그러나 이건 늘 다시 원점으로 돌아오는 순환고리에 갇힌다. 고생하는 현실을 벗어나기 위해 본인이 쌓은 기반을 지키려고 시간관리라는 차별화 도구로써 학력을 위계화시키는 생존전략에 매달리지만, 이것으로 악전고투의 현실을 탈출할 수 있으리라 기대하는 이십대의 자기긍정은 결국 '덫'이요 '늪'일 뿐이다. 실패하면 끝장인 세상에서 이십대들은 그렇게 차갑게 변한다.

지금 우리에게는 변해버린 이십대의 현재 모습을 과감하게 '문제'로서 직시하는 게 정말 필요하다. 그게 변화의 시작이다. 하지만 그 조언들은 신중해야 한다. 혜민 스님은 "세상이 나를 괴롭힌다고 생각하세요? 내가 쉬면 세상도 쉽니다"라고 말한다. 먼저 내려놓으면 끝장인 세상은 안 보인단 말인가? 남들보다 더 잘되기 위한 탐욕이 아니라, 그저 남들로부터 배제되는 데 대한 공포에 사로잡힌 사람들인데?

비록 평범한 목표를 가지고 살더라도 인간다움이 지켜지는 그런 사회를 우리는 꿈꾼다. '닥치고 성공!'이라는 논리에 근거하여 세상만사를 판단하는 오류만이라도 줄이려 노력한다면, 군이 '탈출'을 권할 필요도 없는 건강한 사회에 보다 가까이 다가가지 않겠는가. 그렇게 '힐링'이라는 단어가 군이 필요 없는 세상이 등장할 때, '아픈 청춘'의 수는 서서히 줄어들 것이다. 그러니 이십대를 향한 어쭙잖은 '감성팔이 위로'의 말은 당장 거둬들여야 한다. 진심으로 이십대를 사랑한다면 말이다.

책이 완성되어 가니 참으로 많은 사람들이 생각난다. 먼저, 『경향신문』에 보도된 내 박사논문에 관한 아주 짤막한 기사에 주목하고 이 책을 기획한 '개마고원' 출판사에 깊은 감사를 드린다.

직업이 세상만사 삐딱하게 바라보는 사회학 강사인지라, 일상에서도 늘 사회의 불만을 말하기에 바쁜 남편에게 표현과 사상의 자유를 보장해주는 사랑하는 아내, 그리고 웬만한 연인들보다도 더 이곳저곳 수없이 함께 돌아다녔던 친구 같은 딸 해서와 집필과정 중 태어난 아들 해준에 대한 고마움은 그 정도를 표현할 단어를 몰라서 아쉬울 따름이다. 그저 우리들의 공동프로젝트인 '탈근대적 가족공동체'를 멋지게 완수했으면 하는 바람뿐이다.

지도교수님이셨던 서강대학교 사회학과 전상진 교수님도 꼭 언급하고 싶다. 교수님은 '모르는 것을 줄여가는' 공부만이 아니라, '아는 것을 넓혀갈 수' 있도록 부족한 제자의 엉뚱한 상상력 하나하나도 존중해주셨다. 그 과정을 통해, 나는 세상만사를 청개구리처럼 삐딱하게 보는 사회학이 실제로는 참으로 '인간적'인 학문임을 느낄 수 있었다. 교수님을 만나지 않았으면 불가능했을 것이다.

마지막으로 내 강의를 수강한 학생들이 단지 점수를 잘 받기 위한 것을 넘어서 진지한 시대적 고민을 함께 해주지 않았다면 이 책은 시작도 완성도 못했을 것이라는 점을 분명하게 밝히고 싶다. 동덕여대·목원대·서강대·세종대·아주대·안양대(이상 가나다 순)에서 만났던, 그리고 이들로부터 연결되어 만날 수 있었던 여러 다른 대학의 학생들 모두에게 진심으로 감사를 전한다. 서술 과정에서 토론시간의 풍경을 재구성하거나 공식적인 인터뷰가 아닌 자리에서 나누었던 대화를 다시 기억하면서 약간의 착오가 있었을지도 모르겠다. 혹시나 그런 미흡함이 발견된다면, 우리가 '느낀' 그 치열한 논쟁의 가슴 벅찼던 가치를 다시 떠올리며 용서해주길 바란다.

1) 『국민일보』. 2013. 10. 02. 「우울한 청춘들 '꿈' 속으로… 현실도피 '자각몽' 대유행」(조성은 기자)

2) Naver 〈지식iN〉에서 "KTX 여승무원 채용 당시 정규직으로 채용했나요?"(2006. 2. 25, 질문자 ID: jkl***)라는 질문에 대한 여러 답변들 중 질문자가 채택한 것이다(2006. 2. 27, 답변자 ID: born2kill).

3) 《연합뉴스》. 2013. 2. 3. 「일자리 없고 돈 없어 '굶는 20대' … 결식률 가장 높아」(박수윤 기자)

4) 『서울경제』. 2013. 4. 17. 「신규 대졸자 43% 경제활동 안해」(서민준 기자)

5) 한윤형 · 최태섭 · 김정근. 2011. 『열정은 어떻게 노동이 되는가』. 웅진지식하우스. pp. 101-102.

6) 한윤형 · 최태섭 · 김정근. 2011. 『열정은 어떻게 노동이 되는가』. 웅진지식하우스. p. 48.

7) 전상진. 2008. 「자기계발의 사회학: 대체 우리는 자기계발 이외에 어떤 대안을 권유할 수 있는 가?」. 『문화와 사회』 vol 5: 103-140. p. 105.

8) 이 지점은 다음에서 응용했다. "프랑스 젊은이들이 본질적으로 다른 국가보다 실업에 취약한 이유는 무엇인가? 프랑스 젊은이들이 다른 국가의 젊은이들보다 더 게으르고, 덜 똑똑하고, 더 운이 없고, 더 어설프고, 덜 활동적이란 말인가? 말도 안 되는 소리이다." 베르나드 스피츠(Bernard Spitz). 2009. 『세대간의 전쟁Le papy-krach』. 박은태 · 장유경 역. 경연사. p. 127.

9) 엄기호. 2009. 『아무도 남을 돌보지 마라』. 낮은산. p. 83.

10) 『시사IN』. 2010. 1. 21(122호). 「대학 상대로 연전연승하는 할머니 노동자」(고재열 기자)

11) 『서울신문』. 2011. 4. 15. 「청소노동자에게 영어 가르치는 대학생들」(이경원 기자)

12) 엄기호. 2009. 『아무도 남을 돌보지 마라』. 낮은산. pp. 82-83.

13) 서동진. 2009. 『자유의 의지, 자기계발의 의지: 신자유주의 한국사회에서 자기계발 하는 주체의 탄생』. 돌베개. p. 10.

14) 『한겨레』. 2012. 3. 14. 「고대생들 '그들만을 위한 투쟁'」(박태우 기자)

15) '도깨비 여행'에 관한 이야기는 서동진의 글 「1박 3일 도깨비 여행의 슬픔」(『경향신문』. 2013. 3. 29)의 다음 구절에서 응용했다. "우리는 다시 피로를 풀기 위하여 열심히 남은 시간을 쥐어짠다. 언젠가부터 유행하는 휴가 프로그램 가운데 '1박3일 도깨비여행' 같은 것이 있다. 퇴근하자마자 부지런히 짐을 싸 심야비행기를 타고 도착해 출근 시간에 맞춰 돌아오는 여행이다. 말 그대로 악착같이 노는 것이다."

16) 김도윤 · 제갈현열. 2012. 『날개가 없다. 그래서 뛰는 거다』. 쌤앤파커스. pp. 176-177.

17) 이는 필자가 연구원으로 직접 참여한 다음의 두 연구용역 자료에서 참고했다. 「2009 서강인 생활세계 조사: 활동영역과 시간구조에 대한 조사」(서강대학교 학생문화처 — 학부생 설문조사 506

명), 「2013 융합교육 개발방향 정립에 관한 사전연구」(서강대학교 전인교육원 ― 학부생 설문조사 516명).

18) 더글라스 러시코프(Douglas Rushkoff). 2011. 『보이지 않는 주인: 인간을 위한 경제는 어떻게 파괴되는가*Life inc*』. 오준호 역. 웅진지식하우스. p. 5.

19) 『한겨레』. 2012. 2. 20. 「"너희 학교 학생들은 뽑지 않아" 말문 막혀도… 분노보다 실력쌓기」(이재훈 · 박현정 기자)

20) 『국민일보』. 2013. 10. 15. 「[기획] '지균충' … 낯부끄러운 서울대 왕따」(조성은 · 박요진 기자)

21) 김도민. 2010. 「자퇴하는 대학생 김예슬과 학교점퍼를 입는 대학문화」. 『인물과 사상』. vol 145: 156-159. p. 158.

22) 이는 2011년 11월 2일, ○○대 경영학과 인터넷게시판에 올라온 글이다.

23) 대전소재 한 사립대학의 학보를 참조했다.(○○대신문, 2012. 4. 3: 8면)

24) 이종현. 2007. 「학벌과시에 대한 사회학적 탐구: 학벌과시의 기원과 특성」. 『사회과학연구』 vol 15(2): 380-413. p. 389.

25) 이정규. 2003. 『한국사회의 학력 · 학벌주의: 근원과 발달』. 집문당. p. 12.

26) 이정규. 2003. 『한국사회의 학력 · 학벌주의: 근원과 발달』. 집문당. p. 12.

27) 엄기호. 2009. 『아무도 남을 돌보지 마라』. 낮은산. p. 109.

28) 『아주경제』. 2011. 4. 21. 「대학생 89% "학생간 경쟁 치열함 느껴" ― 대다수 스트레스 느껴… 넷 중 하나는 '심각'」(김형욱 기자). 이 기사에 언급된 조사에서 응답자 507명 중 대다수인 96.7%가 지나친 경쟁에 따른 스트레스를 호소했고 이중 27.4%는 그 스트레스 정도를 매우 심각한 수준으로 여기고 있었다.

29) 박은하. 2010. 「취업준비생, 괴물도 낙오자도 되지 않기 위해」(문수현 외. 2010. 『이십대 전반전: 불안을 강요하는 세상에 던지는 옐로카드』 골든에이지. pp. 93-102.) p. 99. 참고한 전문을 인용하면 다음과 같다. "더 무서운 점은 이제 '지원 자격 토익 000점 이상'이란 조건에 더 이상 반감을 갖지 않는다는 것이다. 이것은 노력과 성실성을 따지는 정당한 기준이다. 억울하면 공부하든지! 그렇게 나는 내 안의 괴물을 봤다. 학벌도, 외모도, 가정형편도, 그 외의 스펙도 이런 식으로 분명 정당화됐을 것이다."

30) 홍지선. 2010. 「왕따가 되어주마」(문수현 외. 2010. 『이십대 전반전: 불안을 강요하는 세상에 던지는 옐로카드』 골든에이지. pp. 17-24.) p. 17. 참고한 전문을 인용하면 다음과 같다. "1998년 혹은 그 비슷한 시기에 집단따돌림을 당한 사람은 나 말고도 많았다는 사실을 알게 되는 건 큰 위안이었다. 지금 돌이켜 보건대 집단따돌림을 만들어낸 가장 큰 책임은 그 당시의 우울한 분위기에 있었다. 사람들은 자기가 낙오자가 될까봐 불안한 나머지 자기가 아닌 다른 사람을 그 자리에 세우고 싶어 했다. 누군가는 낙오자가 되어야만 했다. 그래야만 절대다수의 사람들이 자신이 낙오자가 아님을 확인하고 안도할 수 있을 테니. 누구나 불안했다. 굳이 부모의 불안이 아이에게

전해지는 걸 고려하지 않더라도 눈에 들어오는 세상 자체가 그랬다. 예전이었다면 그냥 같이 놀아주지 않는 정도에서 그쳤을 텐데, 1998년 무렵에는 밟아 죽일 기세로 괴롭히곤 했었다."

31) 문수현. 「학문하지 않는 대학」(엄기호 · 이계삼 외. 『교육불가능의 시대』. 교육공동체 벗. pp. 175-183). pp. 176-177.

32) 『한국경제매거진』. 2011. 2(689호). 「누가 경영대를 띄우나: 취업돌파구 인식확산, 대학들 투자 팍팍」(박수진 기자)

33) 문수현. 「학문하지 않는 대학」(엄기호 · 이계삼 외. 『교육불가능의 시대』. 교육공동체 벗. pp. 175-183). p. 175.

34) 지그문트 바우만(Zygmunt Bauman). 2010. 『새로운 빈곤: 노동, 소비주의 그리고 뉴푸어Work, Consumerism and the New Poor』. 이수영 역. 천지인. p. 65~66.

35) 단편선 · 전아름 · 박연. 2010. 『요새 젊은 것들 — 88만원 세대 자력갱생 프로젝트』. 자리. p. 8.

36) 미키 맥기(Micki McGee). 2009. 『자기계발의 덫SELF-HELP INC.: Makeover Culture in American Life』. 김상화 역. 모요사. p. 227.

37) 이원석. 2013. 『거대한 사기극』. 북바이북. p. 87.

38) 《뉴시스》. 2008. 12. 1. 〈전문〉 李대통령, 4차 라디오연설」(김선주 기자).

39) 지그문트 바우만(Zygmunt Bauman). 2010. 『새로운 빈곤: 노동, 소비주의 그리고 뉴푸어Work, Consumerism and the New Poor』. 이수영 역. 천지인. p. 73.

40) 서유정. 「공부할수록 가난해지는, 가난할수록 공부할 수 없는」(엄기호 · 이계삼 외. 『교육불가능의 시대』. 교육공동체 벗. pp. 208-223). p. 208.

41) 『동아일보』. 2010. 8. 17. [대한민국, 공존을 향해/3부] 〈1〉개천에서 용 안난다」(정세진 기자).

42) 장덕진. 2010. 「행복해도 괜찮아: 학생들에게 주는 교육사회학」(송호근 외. 2010. 『위기의 청년세대: 출구를 찾다』. 나남. pp. 43-117). pp. 48-49.

43) 『중앙일보』. 2011. 2. 23. 「서울대 합격, 외고 출신 307명 → 403명, 톱 20엔 일반고 3곳뿐.」(박수련 기자 외).

44) 『조선일보』. 2013. 11. 19. 「일반고 학생 중 서울대 정시 합격자, 70%가 강남 3구 출신」 언급된 자료에 따르면 2013학년도 서울대 정시모집에 합격한 서울지역 일반고 학생 187명 가운데 70%인 131명이 강남, 서초, 송파구 등 강남 3구 출신이었다. 지난 2011년, 이 자료를 조사할 때 필자는 43%(2010년도 기준)라는 수치에 무척이나 놀랐던 기억이 있다. 서울에 25개 구가 있는데, 단 3개구가 43%를 차지한다는 것에 어찌 놀라워하지 않을 수 있단 말인가? 그런데 3년이 지나고 나니, 차라리 그때는 양호했다고 느껴질 정도로 특정지역 쏠림현상이 더욱 심해졌다. "돈이 있으면 공부를 잘 한다"고 하지만 그 정도가 너무 심해진 것이다.

45) 박대해의원실. 2011. 7. 4. 「서울 소재 대학 학자금 대출 신용유의자(신용불량자) 4,083명: 국민대 299명, 세종대 293명 등 학자금 대출 연체자 6,414명」

46) 『한겨레』. 2012. 3. 2. 「서울·연세·고려대생 35%가 상위 10% 자녀」(진명선 기자)

47) 안민석의원실. 2011. 10. 13. 「통계로 본 대학의 변화: 1995년 5. 31 교육개혁안 이후부터 2010
년까지」

48) 신명호. 2011. 『왜 잘사는 집 아이들이 공부를 더 잘하나?: 사회계층 간 학력자본 격차와 양육관
행』. 한울. pp. 12-13.

49) 이 지점은 다음 구절을 응용하여 작성했다. "언뜻 보면 스무 살은 이제 겨우 아침 6시, 10.5km
에 불과할 수 있다. 하지만 마라톤 30km 지점에서 선두권에 들지 못하면 메달을 목에 걸 수 없
다는 사실을 알고 있는가? 마라톤 선수에게 30km 지점은 승부수를 던지는 마지막 출발점이다."
(김도윤·제갈현열. 2012. 『날개가 없다. 그래서 뛰는 거다』. 쌤앤파커스. pp. 180.)

50) 《오마이뉴스》. 2011. 7. 4. 「서울대생들의 최고 멘토? 교수님 실망입니다」(김경훈 기자)

51) 『중앙일보』. 2013. 6. 4. 「취업 어학 스펙 부모 소득 순… 학점은 무관」(김혜미 기자)

52) 김지룡·갈릴레오 SNS. 2012. 『사물의 민낯 — 잡동사니로 보는 유쾌한 사물들의 인류학』. 1 ch.
「성형수술 — 타인의 눈으로 나를 조각하다」 http://terms.naver.com/entry.nhn?docId=10519
42&cid=865&categoryId=1749

53) 마이클 샌델 교수의 강의영상 〈A JOURNEY IN MORAL REASONING〉에 나오는 장면이다.

54) 권영길의원실. 2010. 10. 「소득에 따라 꿈도 다르다 — 소득별, 학교별 학생 장래희망 보고서」

55) 권영길의원실. 2009. 4. 29. 「외고·자사고 학생 부모 직업보고서」

56) 《오마이뉴스》. 2012. 2. 25. 「장래희망은?, 대구 초등학교 설문조사, 경악」(이경숙 기자)

57) 『시사IN』. 2010. 10. 23(162호). 「꿈도 양극화, 강남 학생 꿈은 의사·비강남은 회사원」(천관율 기
자).

58) 대니얼 리그니(Daniel Rigney). 2011. 『나쁜사회: 평등이라는 거짓말Matthew Effect-How
Advantage Begets Further Advantage』. 박슬라 역. 21세기북스. p. 25.

59) 이는 박기성 성신여대 경제학과 교수와 이인재 인천대 경제학 교수의 「한국 노동시장에서의 신
장 프리미엄」이라는 논문을 통해 공개되었는데, 연구진들은 2008년 한국노동패널조사에 참여한
30~40대 남성 근로자 1548명을 대상으로 키와 임금의 상관관계를 분석하여, 키가 1cm 크면
시간당 임금이 1.5%씩 상승'하는 '신장 프리미엄(height premium)'이 존재한다는 연구결과를
내놓았다(《한국소비자연대뉴스》. 2011. 3. 24).

60) 김신일. 『교육사회학』. 4판. 교육과학사. p. 361.

61) 『국민일보』. 2013. 10. 15. 「"친구가 아니라 벌레?" 한심한 서울대생들의 왕따 문화」(조성은/박요
진 기자)